EVDE VEGAN EKMEK PİŞİRME SANATI

100 Tarifle Ev Yapımı Ekmeğe Vegan Yaklaşım

Melek Acar

Telif Hakkı Malzemesi ©2024

Her hakkı saklıdır

Bu kitabın hiçbir bölümü, incelemede kullanılan kısa alıntılar dışında, yayıncının ve telif hakkı sahibinin uygun yazılı izni olmadan, hiçbir şekilde veya yöntemle kullanılamaz veya aktarılamaz. Bu kitap tıbbi, hukuki veya diğer profesyonel tavsiyelerin yerine geçmemelidir.

İÇİNDEKİLER

İÇİNDEKİLER 3
GİRİİŞ 6
PORTEKİZ EKMEK 7
   1. Bola De Carne 8
   2. Broa De Milho 11
   3. Pão Alentejano 13
   4. Papo-Seco veya Carcaça 15
   5. Pão De Mafra 18
   6. Broa De Avintes 21
   7. Pão De Centeio 23
   8. Broa De Avintes 25
   9. Pão De Água 27
   10. Pão De Batata 29
   11. Mealhada'lı Pão 31
   12. Pão De Alfarroba 33
   13. Pão De Rio Maior 35
   14. Pão De Centeio 37
   15. Regueifa 39
İSPANYOL EKMEK 41
   16. Pan Con Tomate 42
   17. Pan Rustico 44
   18. Pan De Payés 46
   19. Pan Gallego 48
   20. Pan Küba veya 51
   21. Pan De Alfacar 53
   22. Pan Cateto 56
   23. Pan De Cruz 58
   24. Pataketa 61
   25. Telera 63
   26. Llonguet 65
   27. Borona _ 68
   28. Tabanca 70
   29. Regañao 73
   30. Torta De Aranda 76
   31. Txantxigorri 78
   32. Pan De Semillas 80
   33. Oreja 83
YUNAN EKMEK 85
   34. Lagana 86
   35. Horiatiko Psomi 88
   36. Ladeni 91

37. Psomi Pide	94
38. Psomi Spitiko	96
39. Koulouri Selanik	98
40. Artos	101
41. zea	103
42. Paximathia	106
43. Batzina	109
44. Psomi Tou Kyrion	111
45. Kserotigana	114

FRANSIZ EKMEĞİ 117

46. Baget	118
47. Baget Au Levain	122
48. Ağrı d'Épi	124
49. Pain d'Épi Aux Herbes	127
50. Fouee	131
51. Fougasse	134
52. Fougasse à l'Ail	137
53. Fougasse Au Romarin	139
54. Ağrı De Campagne	141
55. Boule De Ağrı	144
56. La Petite Boule De Pain	147
57. Ağrı Tamamlandı	150
58. Ağrı Yardımcı Noix	153
59. Gibassier	156
60. Ağrı Au Oğlu	158
61. Faluş	160
62. Ağrı De Seigle	162
63. Miche	165

İTALYAN EKMEĞİ 168

64. Grisini Alle Erbe	169
65. Bölme Pugliese	171
66. Grisini	174
67. Pane Pide	176
68. Pane Al Farro	178
69. Focaccia	181
70. Focaccia Di Mele	184
71. Schiacciata	187
72. Pane Di Altamura	190
73. Bölme Casareccio	193
74. Bölme Toscano	195
75. Pane Di Semola	197
76. Pane Al Pomodoro	199
77. Pane Alle Zeytin	202

78. Pane Alle Noci 204
79. Pane Alle Erbe 206
80. Pane Di Riso 208
81. Pane Di Ceci 210
82. Pane Di Patate 212
83. Taralli 214

TÜRK EKMEK 217

84. Simit 218
85. Ekmek 221
86. Lahmacun 223
87. Bazlama 226
88. Sıraklı Ekmek 228
89. Lavaş 231
90. Acı Ekmeği 233
91. Peksimet 236
92. Cevizli Ekmek 238
93. Yufka 240
94. Pide Ekmek 242
95. Vakfıkebir Ekmeği 245
96. Karadeniz Yöresi Ekmeği 248
97. Köy Ekmeği 251
98. Tost Ekmeği 254
99. Kaşarlı Ekmek 257
100. Kete 260

ÇÖZÜM 263

GİRİİŞ

100 nefis ekmek tarifiyle vegan pişirme dünyasını keşfettiğimiz bir mutfak macerası olan "Evde Vegan Ekmek Pişirme Sanatı"na hoş geldiniz. Bu yemek kitabı, kendi mutfağınızın rahatlığında lezzetli ve bitki bazlı ekmekler hazırlamanız için rehberinizdir. Kabaran hamurun kokusundan taze pişmiş bir somunun tadını çıkarmanın tatminine kadar vegan ekmek yapımı sanatını kutlayan bir yolculuğa bize katılın.

Sıcak ekmek kokusu, altın rengi kabuklar ve vegan yaşam tarzınıza uygun sağlıklı malzemelerle dolu bir mutfak hayal edin. "Evde Vegan Ekmek Pişirme Sanatı" sadece bir tarif koleksiyonu değil; vegan ekmek hazırlamanın getirdiği tekniklerin, tatların ve neşenin keşfi. İster tecrübeli bir fırıncı olun ister veganlık dünyasına yeni girmiş biri olun, bu tarifler size lezzetli ve hayvanlar üzerinde deney yapılmayan somunlar yaratmanız için ilham vermek üzere hazırlandı.

Klasik sandviç ekmeklerinden özel yapım ekşi mayalara, tatlı kahvaltı ikramlarından lezzetli rulolara kadar her tarif, vegan pişirmenin sunduğu çok yönlülük ve yaratıcılığın bir kutlamasıdır. İster kahvaltı, öğle yemeği, akşam yemeği veya lezzetli bir atıştırmalık için yemek yapıyor olun, bu yemek kitabı vegan ekmek yapma becerilerinizi geliştirmek için başvuracağınız kaynaktır.

Her tarifin bitki bazlı malzemeler bir araya geldiğinde ortaya çıkan olasılıkların ve lezzetin kanıtı olduğu vegan ekmek sanatını keşfederken bize katılın. Öyleyse ununuzu, mayanızı ve vegan dostu malzemelerinizi toplayın, pişirmenin keyfini kucaklayın ve "Evde Vegan Ekmek Pişirme Sanatı" ile bir mutfak yolculuğuna çıkalım.

PORTEKİZ EKMEK

1. Bola De Carne

İÇİNDEKİLER:

HAMUR İÇİN:
- 4 su bardağı ekmek unu
- 10 gr tuz
- 10g şeker
- 7g anlık kuru maya
- 250ml ılık su
- 2 yemek kaşığı zeytinyağı

DOLGU İÇİN:
- 300 gr kıyma (veya dana ve domuz eti karışımı)
- 1 küçük soğan, ince doğranmış
- 2 diş sarımsak, kıyılmış
- 1 küçük havuç, ince rendelenmiş
- 1 yemek kaşığı domates salçası
- 1 çay kaşığı kırmızı biber
- Tatmak için biber ve tuz
- Kıyılmış taze maydanoz (isteğe bağlı)

TALİMATLAR:

a) Büyük bir karıştırma kabında ekmek ununu, tuzu ve şekeri birleştirin.

b) Ayrı bir küçük kapta, anlık kuru mayayı ılık suda eritin. Köpük haline gelinceye kadar yaklaşık 5 dakika bekletin.

c) Maya karışımını un karışımının bulunduğu kaseye dökün. Zeytinyağını ekleyin. Tüm malzemeler iyice birleşinceye ve yapışkan bir hamur oluşana kadar iyice karıştırın.

ç) Hamuru hafifçe unlanmış bir yüzeye aktarın ve pürüzsüz ve elastik hale gelinceye kadar yaklaşık 10 dakika yoğurun.

d) Hamuru tekrar karıştırma kabına yerleştirin, üzerini temiz bir mutfak havlusu veya plastik ambalajla örtün ve sıcak bir yerde yaklaşık 1 ila 2 saat veya boyutu iki katına çıkana kadar kabarmasını bekleyin.

e) Hamur kabarırken iç malzemesini hazırlayın. Bir tavada, orta ateşte bir miktar zeytinyağını ısıtın. Doğranmış soğanı ve kıyılmış sarımsağı ekleyip şeffaflaşıncaya kadar soteleyin.

f) Kıymayı (veya sığır eti ve domuz eti karışımını) tavaya ekleyin ve kızarana kadar pişirin. Rendelenmiş havuç, domates salçası, kırmızı biber, tuz ve karabiberi ekleyin. Tüm malzemeleri birleştirmek için iyice karıştırın. Tatlar birbirine karışana kadar birkaç dakika daha pişirin. Isıdan çıkarın ve soğumaya bırakın.

g) Hamur mayalandıktan sonra unlanmış tezgaha alın ve iki eşit parçaya bölün.

ğ) Hamurdan bir parça alın ve yaklaşık ¼ inç kalınlığında daire veya oval şeklinde açın.

h) Açılan hamurun üzerine et dolgusunun yarısı kenarlarda küçük bir kenar kalacak şekilde yayılır.

ı) Hamurun ikinci kısmını da benzer şekilde açın ve et dolgusunun üzerine kenarlarını birbirine yapıştıracak şekilde yerleştirin. Kenarları parmaklarınızla kıvırabilir veya çatal kullanarak birbirine bastırabilirsiniz.

i) Fırınınızı önceden 200°C'ye (400°F) ısıtın.

j) Birleştirilmiş Bola de Carne'yi parşömen kağıdıyla kaplı bir fırın tepsisine aktarın. Pişirme sırasında buharın çıkmasını sağlamak için ekmeğin üzerine birkaç sığ kesim yapın.

k) Bola de Carne'ı önceden ısıtılmış fırında yaklaşık 30 ila 35 dakika veya dışı altın rengi kahverengi olana ve altına dokunulduğunda içi boş ses çıkana kadar pişirin.

l) Bola de Carne'ı fırından çıkarın ve dilimleyip servis etmeden önce biraz soğumasını bekleyin.

2.Broa De Milho

İÇİNDEKİLER:
- 250 gr mısır unu (ince veya orta öğütülmüş)
- 250 gr buğday unu
- 10 gr tuz
- 10g şeker
- 10 gr aktif kuru maya
- 325ml ılık su
- Yağlamak için zeytinyağı

TALİMATLAR:

a) Büyük bir karıştırma kabında mısır unu, buğday unu, tuz ve şekeri birleştirin.

b) Ayrı bir kapta mayayı ılık suda eritin ve köpürene kadar yaklaşık 5 dakika bekletin.

c) Maya karışımını mısır unu ve unla birlikte kaseye dökün. Tüm malzemeler iyice birleşinceye ve yapışkan bir hamur oluşana kadar iyice karıştırın.

ç) Kaseyi temiz bir mutfak havlusu veya plastik ambalajla örtün ve hamurun sıcak bir yerde yaklaşık 1 ila 2 saat veya boyutu iki katına çıkana kadar kabarmasını bekleyin.

d) Fırınınızı önceden 200°C'ye (400°F) ısıtın ve fırın tepsisini yağlayın veya parşömen kağıdıyla kaplayın.

e) Hamur mayalandıktan sonra yavaşça yuvarlak veya oval bir somun şekline getirin ve hazırlanan fırın tepsisine yerleştirin.

f) Somunu temiz bir mutfak havlusuyla örtün ve 30 dakika daha kabarmaya bırakın.

g) İkinci yükselişten sonra keskin bir bıçak veya jilet kullanarak somunun üst kısmında birkaç sığ kesim yapın. Bu, ekmeğin pişerken genişlemesine yardımcı olacaktır.

ğ) Fırın tepsisini önceden ısıtılmış fırına yerleştirin ve ekmeği yaklaşık 30 ila 35 dakika veya dışı altın rengi kahverengi olana ve altına dokunulduğunda içi boş bir ses çıkana kadar pişirin.

h) Broa de milho piştikten sonra fırından çıkarın ve dilimleyip servis etmeden önce tel ızgara üzerinde soğumasını bekleyin.

3.Pão Alentejano

İÇİNDEKİLER:

- 4 su bardağı güçlü ekmek unu
- 350ml ılık su
- 10 gr tuz
- 5g aktif kuru maya

TALİMATLAR:

a) Büyük bir karıştırma kabında ekmek ununu ve tuzu birleştirin.
b) Ayrı bir kapta mayayı ılık suda eritin ve köpürene kadar yaklaşık 5 dakika bekletin.
c) Maya karışımını un ve tuzla birlikte kaseye dökün. Malzemeler tamamen birleşinceye ve yapışkan bir hamur oluşana kadar iyice karıştırın.
ç) Kaseyi temiz bir mutfak havlusu veya plastik ambalajla örtün ve hamurun sıcak bir yerde yaklaşık 1 ila 2 saat veya boyutu iki katına çıkana kadar kabarmasını bekleyin. Bu, mayanın fermente olmasını ve lezzet geliştirmesini sağlar.
d) Hamur kabardıktan sonra fırınınızı 220°C'ye (425°F) ısıtın.
e) Temiz bir yüzeyi hafifçe unlayın ve hamuru üzerine açın. Hamuru pürüzsüz ve elastik hale gelinceye kadar yaklaşık 10 dakika yoğurun.
f) Hamuru yuvarlak bir somun haline getirin ve parşömen kağıdıyla kaplı bir fırın tepsisine veya yağlanmış bir fırın tepsisine yerleştirin.
g) Somunu temiz bir mutfak havlusuyla örtün ve 30 dakika daha kabarmaya bırakın.
ğ) Hamur tekrar kabardığında, keskin bir bıçak veya jilet kullanarak somunun üst kısmında birkaç çapraz kesim yapın. Bu, ekmeğin pişerken genişlemesini sağlayacaktır.
h) Fırın tepsisini önceden ısıtılmış fırına yerleştirin ve ekmeği yaklaşık 30 ila 35 dakika veya altın rengi kahverengiye dönene ve altına dokunulduğunda içi boş bir ses çıkana kadar pişirin.
ı) Ekmek piştikten sonra fırından çıkarın ve dilimleyip servis etmeden önce tel ızgara üzerinde soğumasını bekleyin.
i) Ev yapımı Pão Alentejano'nuzun tadını çıkarın!

4.Papo-Seco veya Carcaça

İÇİNDEKİLER:

- 4 su bardağı ekmek unu
- 10 gr tuz
- 10g şeker
- 7g anlık kuru maya
- 300 ml ılık su
- Zeytin yağı
- Toz alma için ekstra un

TALİMATLAR:

a) Büyük bir karıştırma kabında ekmek ununu, tuzu, şekeri ve hazır kuru mayayı birleştirin.

b) Tahta kaşık veya spatula ile karıştırarak ılık suyu yavaş yavaş kuru malzemelere ekleyin.

c) Hamur toplanıncaya ve karıştırılması zor hale gelinceye kadar karıştırmaya devam edin.

ç) Hamuru hafifçe unlanmış bir yüzeye aktarın ve pürüzsüz ve elastik hale gelinceye kadar yaklaşık 10 dakika yoğurun.

d) Hamuru top haline getirin ve tekrar karıştırma kabına koyun. Hamurun üzerine biraz zeytinyağı gezdirin ve çevirerek eşit şekilde yağla kaplayın.

e) Kaseyi temiz bir mutfak havlusu veya plastik ambalajla örtün ve hamurun sıcak bir yerde yaklaşık 1 ila 2 saat veya boyutu iki katına çıkana kadar kabarmasını bekleyin.

f) Hamur yükseldiğinde, havayı serbest bırakmak için aşağı doğru bastırın ve tekrar unlanmış yüzeye aktarın.

g) Hamuru, ekmek rulolarının istenen boyutuna bağlı olarak her biri yaklaşık 70-80 gr ağırlığında daha küçük porsiyonlara bölün.

ğ) Her bir parçayı kenarlarını alttan katlayıp avucunuzla yüzeye doğru yuvarlayarak yuvarlak bir top haline getirin.

h) Şekillendirilmiş ekmek rulolarını, parşömen kağıdıyla kaplı bir fırın tepsisine, aralarında genişleme için biraz boşluk bırakarak yerleştirin.

ı) Fırın tepsisini temiz bir mutfak havlusuyla örtün ve ekmek rulolarını 30 dakika daha kabarmaya bırakın.

i) Fırınınızı önceden 220°C'ye (425°F) ısıtın.

j)   Ekmek ruloları kabardıktan sonra keskin bir bıçak veya jilet kullanarak her rulonun üst kısmında birkaç çapraz kesim yapın.

k)   Fırın tepsisini önceden ısıtılmış fırına yerleştirin ve ekmek rulolarını yaklaşık 15 ila 20 dakika kadar veya altın rengi kahverengiye dönene ve altına dokunulduğunda içi boş bir ses çıkana kadar pişirin.

l)   Papo-seco veya Carcaça piştikten sonra fırından çıkarın ve servis yapmadan önce tel ızgara üzerinde soğumasını bekleyin.

m)   Ev yapımı Papo-seco veya Carcaça'nızın tadını çıkarın! Sandviçler için mükemmeldir veya en sevdiğiniz yemeklerin yanında servis edilirler.

5.Pão De Mafra

İÇİNDEKİLER:
- 1 kg ekmeklik un
- 20 gr tuz
- 20g şeker
- 20 gr taze maya
- 700 ml ılık su
- Zeytin yağı
- Toz alma için ekstra un

TALİMATLAR:
a) Büyük bir karıştırma kabında ekmek ununu, tuzu ve şekeri birleştirin.
b) Ayrı bir küçük kapta yaş mayayı az miktarda ılık suda eritin. Aktif kuru maya kullanıyorsanız, az miktarda ılık suda bir tutam şekerle eritin ve köpürene kadar 5 dakika bekletin.
c) Unlu karışımın ortasını havuz şeklinde açıp, eritilmiş mayalı karışımı dökün.
ç) Tahta kaşık veya spatula ile karıştırarak ılık suyu yavaş yavaş kaseye ekleyin. Hamur toparlanıncaya kadar karıştırmaya devam edin.
d) Hamuru hafifçe unlanmış bir yüzeye aktarın ve pürüzsüz, elastik ve hafif yapışkan hale gelinceye kadar yaklaşık 10-15 dakika yoğurun.
e) Hamuru top haline getirin ve tekrar karıştırma kabına koyun. Hamurun üzerine biraz zeytinyağı gezdirin ve çevirerek eşit şekilde yağla kaplayın.
f) Kaseyi temiz bir mutfak havlusu veya plastik ambalajla örtün ve hamurun sıcak bir yerde yaklaşık 2 ila 3 saat veya boyutu iki katına çıkana kadar kabarmasını bekleyin.
g) Hamur yükseldiğinde, havayı serbest bırakmak için aşağı doğru bastırın ve tekrar unlanmış yüzeye aktarın.
ğ) Hamuru iki eşit parçaya bölün ve her parçayı yuvarlak veya oval bir somun şekline getirin. Somunları parşömen kağıdıyla kaplı bir fırın tepsisine yerleştirin.
h) Fırın tepsisini temiz bir mutfak havlusuyla örtün ve somunları 30 ila 60 dakika daha kabarmaya bırakın.

ı) Fırınınızı önceden 230°C'ye (450°F) ısıtın.

i) Somunlar kabardıktan sonra keskin bir bıçak veya jilet kullanarak her somunun üst kısmında birkaç çapraz kesim yapın.

j) Fırın tepsisini önceden ısıtılmış fırına yerleştirin ve somunları yaklaşık 25 ila 30 dakika veya altın rengi kahverengiye dönene ve altlarına dokunulduğunda içi boş bir ses çıkana kadar pişirin.

k) Pão de Mafra piştikten sonra somunları fırından çıkarın ve dilimleyip servis etmeden önce tel ızgara üzerinde soğumasını bekleyin.

6.Broa De Avintes

İÇİNDEKİLER:

- 250 gr mısır unu (ince veya orta öğütülmüş)
- 250 gr buğday unu
- 10 gr tuz
- 10g şeker
- 7g aktif kuru maya
- 325ml ılık su
- Yağlamak için zeytinyağı

TALİMATLAR:

a) Büyük bir karıştırma kabında mısır unu, buğday unu, tuz ve şekeri birleştirin.

b) Ayrı bir küçük kapta aktif kuru mayayı ılık suda eritin. Köpük haline gelinceye kadar yaklaşık 5 dakika bekletin.

c) Maya karışımını mısır unu ve unla birlikte kaseye dökün. Tüm malzemeler iyice birleşinceye ve yapışkan bir hamur oluşana kadar iyice karıştırın.

ç) Kaseyi temiz bir mutfak havlusu veya plastik ambalajla örtün ve hamurun sıcak bir yerde yaklaşık 1 ila 2 saat veya boyutu iki katına çıkana kadar kabarmasını bekleyin.

d) Fırınınızı önceden 200°C'ye (400°F) ısıtın ve fırın tepsisini yağlayın veya parşömen kağıdıyla kaplayın.

e) Hamur mayalandıktan sonra yavaşça yuvarlak veya oval bir somun şekline getirin ve hazırlanan fırın tepsisine yerleştirin.

f) Somunu temiz bir mutfak havlusuyla örtün ve 30 dakika daha kabarmaya bırakın.

g) İkinci yükselişten sonra keskin bir bıçak veya jilet kullanarak somunun üst kısmında birkaç sığ kesim yapın. Bu, ekmeğin pişerken genişlemesine yardımcı olacaktır.

ğ) Fırın tepsisini önceden ısıtılmış fırına yerleştirin ve ekmeği yaklaşık 30 ila 35 dakika veya dışı altın rengi kahverengi olana ve altına dokunulduğunda içi boş bir ses çıkana kadar pişirin.

h) Broa de Avintes piştikten sonra fırından çıkarın ve dilimleyip servis etmeden önce tel ızgara üzerinde soğumasını bekleyin.

7.Pão De Centeio

İÇİNDEKİLER:

- 250 gr çavdar unu
- 250 gr ekmek unu
- 10 gr tuz
- 7g anlık kuru maya
- 325ml ılık su
- Yağlamak için zeytinyağı
- Toz alma için ekstra un

TALİMATLAR:

a) Büyük bir karıştırma kabında çavdar ununu, ekmek ununu ve tuzu birleştirin.

b) Ayrı bir küçük kapta, anlık kuru mayayı ılık suda eritin. Köpük haline gelinceye kadar yaklaşık 5 dakika bekletin.

c) Maya karışımını un ve tuzla birlikte kaseye dökün. Tüm malzemeler iyice birleşinceye ve yapışkan bir hamur oluşana kadar iyice karıştırın.

ç) Kaseyi temiz bir mutfak havlusu veya plastik ambalajla örtün ve hamurun sıcak bir yerde yaklaşık 1 ila 2 saat veya boyutu iki katına çıkana kadar kabarmasını bekleyin.

d) Fırınınızı önceden 220°C'ye (425°F) ısıtın ve bir fırın tepsisini yağlayın veya parşömen kağıdıyla kaplayın.

e) Hamur mayalandıktan sonra hafifçe unlanmış tezgaha alın ve yuvarlak veya oval bir somun şekli verin.

f) Somunu hazırlanan fırın tepsisine yerleştirin. Keskin bir bıçak veya jiletle somunun üst kısmında birkaç sığ kesim yapın.

g) Somunu temiz bir mutfak havlusuyla örtün ve 30 dakika daha kabarmaya bırakın.

ğ) Ekmeği önceden ısıtılmış fırında yaklaşık 35 ila 40 dakika veya altın kahverengi olana ve altına dokunulduğunda içi boş bir ses çıkana kadar pişirin.

h) Pão de Centeio piştikten sonra fırından çıkarın ve dilimleyip servis etmeden önce tel ızgara üzerinde soğumasını bekleyin.

8. Broa De Avintes

İÇİNDEKİLER:

- 250 gr mısır unu
- 250 gr ekmek unu
- 10 gr tuz
- 7g anlık kuru maya
- 325ml ılık su
- Yağlamak için zeytinyağı

TALİMATLAR:

a) Büyük bir karıştırma kabında mısır unu, ekmek unu, tuz ve hazır kuru mayayı birleştirin.

b) Karıştırırken yavaş yavaş ılık suyu kuru malzemelere ekleyin. Tüm malzemeler iyice birleşip yapışkan bir hamur oluşana kadar karıştırmaya devam edin.

c) Hamuru hafifçe unlanmış bir yüzeye aktarın ve pürüzsüz ve elastik hale gelinceye kadar yaklaşık 10 dakika yoğurun. Gerekirse daha fazla un ekleyin ancak hamurun çok kuru olmamasına dikkat edin.

ç) Hamuru tekrar karıştırma kabına yerleştirin, üzerini temiz bir mutfak havlusu veya plastik ambalajla örtün ve sıcak bir yerde yaklaşık 1 ila 2 saat veya boyutu iki katına çıkana kadar kabarmasını bekleyin.

d) Hamur kabardıktan sonra fırınınızı 200°C'ye (400°F) ısıtın.

e) Havayı serbest bırakmak için hamuru bastırın ve tercihinize bağlı olarak yuvarlak bir somun veya tek tek rulolar halinde şekillendirin.

f) Şekil verilen hamuru, parşömen kağıdıyla kaplı bir fırın tepsisine yerleştirin. Pişirme sırasında genleşmeye izin vermek için ekmeğin üstüne birkaç sığ kesim yapın.

g) Fırın tepsisini temiz bir mutfak havlusuyla örtün ve hamurun 30 dakika daha kabarmasını bekleyin.

ğ) Broa de Avintes'i önceden ısıtılmış fırında yaklaşık 30 ila 35 dakika veya dışı altın rengi kahverengi olana ve altına dokunulduğunda içi boş ses çıkana kadar pişirin.

h) Ekmeği fırından çıkarın ve servis yapmadan önce tel ızgara üzerinde soğumasını bekleyin.

9.Pão De Água

İÇİNDEKİLER:
- 4 su bardağı ekmek unu
- 2 çay kaşığı tuz
- 2 çay kaşığı anlık maya
- 2 su bardağı ılık su

TALİMATLAR:
a) Büyük bir kapta ekmek ununu, tuzu ve hazır mayayı birleştirin.
b) Yavaş yavaş ılık suyu ekleyerek yumuşak bir hamur elde edene kadar iyice karıştırın.
c) Hamuru unlu bir yüzeye aktarın ve pürüzsüz ve elastik hale gelinceye kadar yaklaşık 10 dakika yoğurun.
ç) Hamuru tekrar kaseye alıp üzerini bir bezle örtün ve ılık bir yerde 1-2 saat veya hacmi iki katına çıkana kadar mayalanmaya bırakın.
d) Fırını önceden 230°C'ye (450°F) ısıtın ve orta rafa bir fırın taşı veya fırın tepsisi yerleştirin.
e) Hamuru yumruklayın ve yuvarlak veya oval bir somun haline getirin.
f) Somunu parşömen kaplı bir fırın tepsisine yerleştirin ve 30 dakika daha yükselmesine izin verin.
g) Keskin bir bıçak kullanarak somunun üst kısmına çapraz kesikler yapın.
ğ) Fırın tepsisini fırında önceden ısıtılmış fırın taşının veya fırın tepsisinin üzerine aktarın.
h) Yaklaşık 30-35 dakika veya ekmek altın sarısı bir renk alana ve altına dokunulduğunda içi boş bir ses çıkana kadar pişirin.
ı) Fırından çıkarın ve dilimleyip servis etmeden önce tel ızgara üzerinde soğumasını bekleyin.

10.Pão De Batata

İÇİNDEKİLER:

- 2 orta boy patates, soyulmuş ve küp şeklinde doğranmış
- 1 bardak ılık su
- 2 yemek kaşığı zeytinyağı
- 1 yemek kaşığı anlık maya
- 2 çay kaşığı tuz
- 4 su bardağı ekmek unu

TALİMATLAR:

a) Küp şeklinde doğradığınız patatesleri bir tencereye koyun ve üzerini suyla kaplayın. Patatesler çatalla yumuşayana kadar haşlayın.

b) Haşlanan patatesleri süzüp pürüzsüz hale gelinceye kadar ezin. Biraz soğumaya bırakın.

c) Büyük bir kapta ılık su, zeytinyağı, hazır maya ve tuzu birleştirin. İyice karıştırın.

ç) Karışıma patates püresini ekleyin ve iyice birleşene kadar karıştırın.

d) Yumuşak bir hamur oluşana kadar iyice karıştırarak ekmek ununu yavaş yavaş ekleyin.

e) Hamuru unlu bir yüzeye aktarın ve yaklaşık 10 dakika veya pürüzsüz ve elastik hale gelinceye kadar yoğurun.

f) Hamuru tekrar kaseye alıp üzerini bir bezle örtün ve ılık bir yerde 1-2 saat veya hacmi iki katına çıkana kadar mayalanmaya bırakın.

g) Fırını önceden 375°F'ye (190°C) ısıtın ve ekmek tavasını yağlayın.

ğ) Hamuru yumruklayın ve somun haline getirin. Yağlanmış ekmek kalıbına yerleştirin.

h) Tavayı bir bezle örtün ve hamurun 30 dakika daha kabarmasını bekleyin.

ı) Yaklaşık 30-35 dakika veya ekmek altın sarısı bir renk alana ve altına dokunulduğunda içi boş bir ses çıkana kadar pişirin.

i) Fırından çıkarın ve dilimleyip servis etmeden önce tel ızgara üzerinde soğumasını bekleyin.

11.Mealhada'lı Pão

İÇİNDEKİLER:

- 4 su bardağı ekmek unu
- 1 paket (2 ¼ çay kaşığı) aktif kuru maya
- 1 çay kaşığı şeker
- 1 çay kaşığı tuz
- 2 bardak ılık su

TALİMATLAR:

a) Küçük bir kapta maya ve şekeri ılık suda eritin. Köpürene kadar 5 dakika bekletin.

b) Büyük bir karıştırma kabında ekmek ununu ve tuzu birleştirin.

c) Maya karışımını un karışımına dökün ve iyice karıştırarak yapışkan bir hamur oluşturun.

ç) Hamuru hafifçe unlanmış bir yüzeye aktarın ve pürüzsüz ve elastik hale gelinceye kadar yaklaşık 10 dakika yoğurun. Eğer hamur çok cıvık olursa biraz daha un eklemeniz gerekebilir.

d) Hamuru yağlanmış bir kaseye koyun, üzerini temiz bir mutfak havlusu ile örtün ve ılık bir yerde yaklaşık 1 saat veya hacmi iki katına çıkana kadar mayalanmaya bırakın.

e) Fırını önceden 450°F'ye (230°C) ısıtın.

f) Hamuru yuvarlayıp yuvarlak somun şekline getirin.

g) Somunu parşömen kağıdıyla kaplı bir fırın tepsisine yerleştirin.

ğ) Keskin bir bıçak kullanarak somunun üst kısmına birkaç sığ kesik atın.

h) Hamuru 15 dakika daha dinlenmeye bırakın.

ı) Ekmeği önceden ısıtılmış fırında yaklaşık 20-25 dakika veya kabuk altın rengi kahverengi olana ve tabanına vurulduğunda ekmeğin içi boş bir ses çıkarana kadar pişirin.

i) Ekmeği fırından çıkarın ve dilimlemeden önce tel ızgara üzerinde soğumasını bekleyin.

12.Pão De Alfarroba

İÇİNDEKİLER:

- 4 su bardağı ekmek unu
- 1 paket (2 ¼ çay kaşığı) aktif kuru maya
- 1 çay kaşığı şeker
- 1 çay kaşığı tuz
- 2 yemek kaşığı keçiboynuzu tozu
- 2 yemek kaşığı zeytinyağı
- 1 ½ su bardağı ılık su

TALİMATLAR:

a) Küçük bir kapta maya ve şekeri ılık suda eritin. Köpürene kadar 5 dakika bekletin.

b) Büyük bir karıştırma kabında ekmek ununu, tuzu ve keçiboynuzu tozunu birleştirin.

c) Maya karışımını ve zeytinyağını un karışımına dökün ve iyice karıştırarak yapışkan bir hamur oluşturun.

ç) Hamuru hafifçe unlanmış bir yüzeye aktarın ve pürüzsüz ve elastik hale gelinceye kadar yaklaşık 10 dakika yoğurun. Eğer hamur çok cıvık olursa biraz daha un eklemeniz gerekebilir.

d) Hamuru yağlanmış bir kaseye koyun, üzerini temiz bir mutfak havlusu ile örtün ve ılık bir yerde yaklaşık 1 saat veya hacmi iki katına çıkana kadar mayalanmaya bırakın.

e) Fırını 200°C'ye (400°F) önceden ısıtın.

f) Hamuru yumruklayın ve yuvarlak bir somun veya istediğiniz şekle getirin.

g) Somunu parşömen kağıdıyla kaplı bir fırın tepsisine yerleştirin.

ğ) Hamuru 15 dakika daha dinlenmeye bırakın.

h) Ekmeği önceden ısıtılmış fırında yaklaşık 25-30 dakika veya kabuk altın rengi kahverengi olana ve tabanına vurulduğunda ekmeğin içi boş bir ses çıkarana kadar pişirin.

ı) Ekmeği fırından çıkarın ve dilimlemeden önce tel ızgara üzerinde soğumasını bekleyin.

13.Pão De Rio Maior

İÇİNDEKİLER:

- 4 su bardağı ekmek unu
- 1 paket (2 ¼ çay kaşığı) aktif kuru maya
- 1 çay kaşığı şeker
- 1 çay kaşığı tuz
- 2 bardak ılık su

TALİMATLAR:

a) Küçük bir kapta maya ve şekeri ılık suda eritin. Köpürene kadar 5 dakika bekletin.
b) Büyük bir karıştırma kabında ekmek ununu ve tuzu birleştirin.
c) Maya karışımını un karışımına dökün ve iyice karıştırarak yapışkan bir hamur oluşturun.
ç) Hamuru hafifçe unlanmış bir yüzeye aktarın ve pürüzsüz ve elastik hale gelinceye kadar yaklaşık 10 dakika yoğurun. Eğer hamur çok cıvık olursa biraz daha un eklemeniz gerekebilir.
d) Hamuru yağlanmış bir kaseye koyun, üzerini temiz bir mutfak havlusu ile örtün ve ılık bir yerde yaklaşık 1 saat veya hacmi iki katına çıkana kadar mayalanmaya bırakın.
e) Fırını önceden 450°F'ye (230°C) ısıtın.
f) Hamuru yumruklayın ve yuvarlak veya oval bir somun haline getirin.
g) Somunu parşömen kağıdıyla kaplı bir fırın tepsisine yerleştirin.
ğ) Hamuru 15 dakika daha dinlenmeye bırakın.
h) Ekmeğin üst kısmına keskin bir bıçakla çizikler atın.
ı) Ekmeği önceden ısıtılmış fırında yaklaşık 20-25 dakika veya kabuk altın rengi kahverengi olana ve tabanına vurulduğunda ekmeğin içi boş bir ses çıkarana kadar pişirin.
i) Ekmeği fırından çıkarın ve dilimlemeden önce tel ızgara üzerinde soğumasını bekleyin.
j) Yemeklerinize lezzetli bir katkı veya lezzetli bir atıştırmalık olarak ev yapımı Pão de Rio Maior'unuzun tadını çıkarın!

14.Pão De Centeio

İÇİNDEKİLER:

- 2 su bardağı çavdar unu
- 2 su bardağı ekmek unu
- 1 paket (2 ¼ çay kaşığı) aktif kuru maya
- 1 çay kaşığı şeker
- 1 çay kaşığı tuz
- 1 ½ su bardağı ılık su

TALİMATLAR:

a) Küçük bir kapta maya ve şekeri ılık suda eritin. Köpürene kadar 5 dakika bekletin.

b) Büyük bir karıştırma kabında çavdar ununu, ekmek ununu ve tuzu birleştirin.

c) Maya karışımını un karışımına dökün ve iyice karıştırarak yapışkan bir hamur oluşturun.

ç) Hamuru hafifçe unlanmış bir yüzeye aktarın ve pürüzsüz ve elastik hale gelinceye kadar yaklaşık 10 dakika yoğurun. Eğer hamur çok cıvık olursa biraz daha un eklemeniz gerekebilir.

d) Hamuru yağlanmış bir kaseye koyun, üzerini temiz bir mutfak havlusuyla örtün ve ılık bir yerde yaklaşık 1 saat veya hacmi iki katına çıkana kadar mayalanmaya bırakın.

e) Fırını 200°C'ye (400°F) önceden ısıtın.

f) Hamuru yumruklayın ve yuvarlak veya oval bir somun haline getirin.

g) Somunu parşömen kağıdıyla kaplı bir fırın tepsisine yerleştirin.

ğ) Hamuru 15 dakika daha dinlenmeye bırakın.

h) Ekmeğin üst kısmına keskin bir bıçakla çizikler atın.

ı) Ekmeği önceden ısıtılmış fırında yaklaşık 40-45 dakika veya kabuk koyu altın rengi kahverengi olana ve tabanına vurulduğunda ekmeğin içi boş bir ses çıkarana kadar pişirin.

i) Ekmeği fırından çıkarın ve dilimlemeden önce tel ızgara üzerinde soğumasını bekleyin.

15. Regueifa

İÇİNDEKİLER:

- 4 su bardağı ekmek unu
- 2 ¼ çay kaşığı aktif kuru maya
- 1 çay kaşığı şeker
- 1 çay kaşığı tuz
- 2 yemek kaşığı zeytinyağı
- 1 ½ su bardağı ılık su
- Üzeri için iri şeker veya susam (isteğe bağlı)

TALİMATLAR:

a) Küçük bir kapta maya ve şekeri ılık suda eritin. Köpürene kadar 5 dakika bekletin.

b) Büyük bir karıştırma kabında ekmek ununu ve tuzu birleştirin.

c) Maya karışımını ve zeytinyağını un karışımına dökün ve iyice karıştırarak yapışkan bir hamur oluşturun.

ç) Hamuru hafifçe unlanmış bir yüzeye aktarın ve pürüzsüz ve elastik hale gelinceye kadar yaklaşık 10 dakika yoğurun. Eğer hamur çok cıvık olursa biraz daha un eklemeniz gerekebilir.

d) Hamuru yağlanmış bir kaseye koyun, üzerini temiz bir mutfak havlusu ile örtün ve ılık bir yerde yaklaşık 1 saat veya hacmi iki katına çıkana kadar mayalanmaya bırakın.

e) Fırını 200°C'ye (400°F) önceden ısıtın.

f) Hamuru ikiye bölüp iki eşit parçaya bölün.

g) Hamurdan bir parça alıp hafif unlanmış zeminde yuvarlayarak uzun, yuvarlak bir somun şekline getirin. Hamurun diğer kısmı ile aynı işlemi tekrarlayın.

ğ) Şekil verilen somunları, parşömen kağıdıyla kaplı bir fırın tepsisine aralarında biraz boşluk kalacak şekilde yerleştirin.

h) Somunları temiz bir mutfak havlusuyla örtün ve boyutları iki katına çıkana kadar 30-45 dakika daha mayalanmaya bırakın.

ı) Daha fazla lezzet ve dekorasyon için üzerine kaba şeker veya susam serpin.

i) Somunları önceden ısıtılmış fırında yaklaşık 20-25 dakika veya altın rengi kahverengi olana ve altına dokunulduğunda içi boş bir ses çıkana kadar pişirin.

j) Somunları fırından çıkarın ve dilimlemeden önce tel ızgara üzerinde soğumasını bekleyin.

İSPANYOL EKMEK

16.Pan Con Tomate

İÇİNDEKİLER:

- 1 diş sarımsak (püresi)
- 1 yemek kaşığı tuz
- 4 orta boy domates (kabuğu ve çekirdekleri çıkarılacak şekilde rendelenmiş)
- 1 yemek kaşığı zeytinyağı
- 1 somun dilimlenmiş ekmek (mayasız veya tam buğday)

TALİMATLAR:

a) Ekmek dilimlerini her dilimin her iki tarafı da kahverengi oluncaya kadar 250 F̊ sıcaklıkta kızartın.
b) Bir kaseye zeytinyağını dökün. Kaseye tuz ekleyin. İyice karıştırın.
c) Kızarmış ekmeğin üzerine ezilmiş sarımsak suyunu sürün.
ç) Rendelenmiş domates karışımını ekmeğin üzerine sürün.
d) Yağ ve tuz karışımını da ekmeğin üzerine sürün.
e) Hemen servis yapın

17. Pan Rustico

İÇİNDEKİLER:
- 2 ¾ bardak su
- 5 çay kaşığı aktif kuru maya
- 7 su bardağı ekmeklik un
- 1 yemek kaşığı tuz
- ¼ bardak zeytinyağı, tercihen sızma
- Fırın tepsisine serpmek için mısır unu

TALİMATLAR:
a) Mayayı küçük bir kase veya ölçüm kabındaki hafif ılık (95 derece) suyun üzerine serpin. Hafifçe karıştırın. 10 dakika bekletin.

b) Unu ölçün ve hamur kancası takılı bir mutfak mikserinin kasesine yerleştirin. Elle yapıyorsanız unu geniş bir karıştırma kabına koyun.

c) Mikseri açın, una tuz ekleyin ve karıştırmaya bırakın. Mikser çalışırken zeytinyağını yavaş yavaş unun içine dökün. Elle yapıyorsanız çırpma teli kullanın.

ç) Yavaş yavaş maya ve su karışımını dökün. Hamuru makinede 4 dakika kadar yoğurmaya bırakın.

d) Elle yapıyorsanız, unu maya ve su karışımıyla tahta kaşık kullanarak karıştırın, ardından hamuru unlu bir yüzeye alıp 5 dakika yoğurun.

e) Yoğurduktan sonra parmağınızla bastırdığınızda hafifçe geri seken pürüzsüz, esnek bir hamur elde etmelisiniz. Yoğurma işlemi sırasında hamurun dokusunu kontrol edin. Eğer hamur cıvık olursa yarım su bardağı kadar daha un ekleyin.

f) Kasedeki hamuru pişirme spreyi sıkılmış mumlu kağıtla, ardından bir mutfak havlusuyla örtün. 1 saat veya iki katına çıkana kadar yükselmeye bırakın.

g) Yükselen hamuru unlu bir yüzeyde yaklaşık bir dakika kadar elle yoğurarak havasını alın. Hamuru 2 eşit büyüklükte top haline getirin ve bolca mısır unu serpilmiş 15 inçlik bir fırın tepsisine yerleştirin.

ğ) Somunları tekrar mumlu kağıt ve mutfak havlusu ile örtün ve ikinci kez 20-25 dakika veya iki katına çıkana kadar mayalanmaya bırakın. Bu arada fırını 425 dereceye ısıtın.

h) Somunları 23-25 dakika veya kızarıncaya kadar pişirin. Daha gevrek bir kabuk için 5 dakika daha pişirin.

18.Pan De Payés

İÇİNDEKİLER:

- 4 su bardağı ekmek unu
- 1 ½ çay kaşığı tuz
- 2 çay kaşığı aktif kuru maya
- 2 bardak ılık su

TALİMATLAR:

a) Büyük bir karıştırma kabında ekmek ununu ve tuzu birleştirin.
b) Ayrı bir küçük kapta mayayı ılık suda eritin ve köpürene kadar birkaç dakika bekletin.
c) Maya karışımını un karışımına dökün ve tüylü bir hamur oluşana kadar karıştırın.
ç) Hamuru hafifçe unlanmış bir yüzeye aktarın ve yaklaşık 10 dakika veya hamur pürüzsüz ve elastik hale gelinceye kadar yoğurun.
d) Hamuru tekrar karıştırma kabına koyun, üzerini temiz bir mutfak havlusu veya streç filmle örtün ve sıcak bir yerde yaklaşık 1-2 saat veya hacmi iki katına çıkana kadar mayalanmaya bırakın.
e) Hamur kabardıktan sonra hava kabarcıklarının çıkması için hafifçe vurun. Hamuru yuvarlak veya oval bir somun haline getirin.
f) Şekil verdiğiniz hamuru yağlı kağıt serili fırın tepsisine veya yağlanmış fırın tepsisine dizin. Üzerini bir mutfak havlusuyla örtün ve yaklaşık 1 saat veya boyutu biraz artana kadar tekrar kabarmasını bekleyin.
g) Fırını önceden 450°F'ye (230°C) ısıtın.
ğ) Pişirmeden hemen önce hamurun üst kısmına hafifçe un serpin ve keskin bir bıçak kullanarak yüzeye birkaç çizik atın.
h) Ekmeği önceden ısıtılmış fırında yaklaşık 25-30 dakika veya kabuk altın rengi kahverengi olana ve tabanına vurulduğunda ekmeğin içi boş bir ses çıkarana kadar pişirin.
ı) Ekmeği fırından çıkarın ve dilimleyip servis etmeden önce tel ızgara üzerinde soğumasını bekleyin.

19. Pan Gallego

İÇİNDEKİLER:
LEVAIN YAPISI İÇİN
- 3½ çay kaşığı olgun başlangıç
- 3½ çay kaşığı ekmek unu
- 1¾ çay kaşığı tam buğday unu
- 1¾ çay kaşığı tam çavdar unu
- 6 yemek kaşığı + 2 çay kaşığı ılık su (100 derece F)

SON HAMUR
- 3¼ su bardağı ekmek unu
- 4½ yemek kaşığı tam çavdar unu
- 1¾ bardak su, oda sıcaklığında
- 7 yemek kaşığı + 1 çay kaşığı levain
- 2 çay kaşığı tuz

TALİMATLAR:
LEVAIN'İN YAPIMINI YAPMAK İÇİN
a) Levain malzemelerini orta boy bir kapta birleştirin. Karıştırın, plastik ambalajla örtün ve oda sıcaklığında dört saat dinlendirin.

b) Hemen kullanın veya ertesi gün kullanmak üzere levaini 12 saate kadar buzdolabına koyun.

SON HAMURUN YAPILMASI
c) Unları ve 325 gram suyu karıştırın. 50 gram daha su ekleyip karıştırın, üzerini kapatın ve 45 dakika dinlenmeye bırakın.

ç) Levaini ve 25 gram daha suyu ekleyin ve birleştirmek için karıştırın. Örtün ve 1 saat bekletin.

d) Tuzu ve 25 gram suyu hamura ekleyin ve parmaklarınızı kullanarak tuzu hamurun içine sıkıştırıp çözün.

e) Tuz eridikten sonra hamuru birkaç kez uzatıp katlayın. Üzerini örtüp 30 dakika dinlenmeye bırakın.

f) Hamuru tekrar uzatıp katlayın. Örtün ve dört saat boyunca kütlenin yükselmesine izin verin.

g) Hamuru top haline getirin ve 15 dakika bekletin. Somunu sıkın ve havluyla kaplı bir bannetonun içine, dikiş tarafı yukarı bakacak şekilde yerleştirin ve yağlı plastik ambalajla örtün.

ğ) Somunu oda sıcaklığında 2 ila 3 saat bekletin.

h) Somunu buzdolabına taşıyın ve 8 ila 10 saat daha prova yapın.

ı) Ekmeği buzdolabından çıkarın.
i) Somun yaklaşık 2 saat oda sıcaklığına gelsin.
j) Fırını orta rafta Hollandalı bir fırınla 475 derece F'ye ısıtın.
k) Hamuru bir parça parşömen kağıdına, dikiş tarafı aşağı gelecek şekilde açın. Hamurun üst kısmını elinizle tutun ve çekebildiğiniz kadar yukarı çekin. Etrafında çevirin ve bir düğüm haline getirin. Tekrar hamurun üst kısmına yerleşmesini sağlayın.
l) Keskin bir bıçak kullanarak, hamurun genişlemesine biraz yer açmak için eşit aralıklı dört dikey yarığı yavaşça kesin.
m) Hamuru parşömen kağıdıyla birlikte önceden ısıtılmış Hollanda fırınına kaldırın, üzerini örtün ve somunu fırına yerleştirin. 15 dakika pişirin. Fırını 425 derece F'ye düşürün.
n) Kapağı çıkarın ve ekmek 205 derece F iç sıcaklığa ulaşana kadar 15 ila 20 dakika daha pişirmeyi tamamlayın.
o) Tel raf üzerinde tamamen soğutun.

20.Pan Küba veya

İÇİNDEKİLER:
- 3 paket aktif kuru maya mısır unu
- 4 çay kaşığı esmer şeker
- 2 bardak su
- ¾ bardak sıcak su
- 5-6 bardak ekmek unu, bölünmüş
- 1 yemek kaşığı tuz

TALİMATLAR:

a) Bir karıştırma kabı alın: Mayayı, esmer şekeri ve ılık suyu karıştırın. 11 dakika bekletin.

b) Tuzu 3 ila 4 bardak unla ekleyin. Yumuşak bir hamur elde edene kadar bunları birleştirin.

c) Hamuru unlanmış bir yüzeye yerleştirin. 9 ila 11 dakika kadar yoğurun.

ç) Bir kaseyi yağlayın ve içine hamuru yerleştirin. Plastik bir örtü ile örtün. 1 saat boyunca 46 dakika dinlenmeye bırakın.

d) Süre dolduğunda hamuru 2 dakika kadar yoğurun. 2 ekmek somunu haline getirin.

e) Fırın tepsisine biraz mısır unu serpin. Ekmek somunlarını içine yerleştirin ve üzerlerini bir mutfak havlusuyla örtün.

f) 11 dakika bekletin. Her ekmek somununun üstüne iki kesik atmak için bir pizza kesiciyi bir bıçağa kullanın.

g) Herhangi bir şey yapmadan önce fırını 400 F'ye ısıtın.

ğ) Ekmek tavasını fırına yerleştirin. Altın kahverengi oluncaya kadar 32 ila 36 dakika pişmelerine izin verin.

h) Ekmek somunlarının tamamen soğumasını bekleyin. Onlara dilediğiniz şeyle servis yapın.

ı) Eğlence.

21. Pan De Alfacar

İÇİNDEKİLER:
- 4 su bardağı çok amaçlı un
- ½ su bardağı toz şeker
- 2 yemek kaşığı taze maya
- 1 bardak ılık su
- ½ su bardağı zeytinyağı
- 1 çay kaşığı tuz
- 1 limon kabuğu rendesi ve
- Üzerine serpmek için pudra şekeri

TALİMATLAR:

a) Küçük bir kapta mayayı ılık suda eritin ve köpük haline gelinceye kadar yaklaşık 5 dakika bekletin.

b) Büyük bir karıştırma kabında un, şeker, tuz ve limon kabuğu rendesini birleştirin. Ortasını havuz şeklinde açıp maya karışımını ve zeytinyağını dökün.

c) Malzemeleri bir hamur oluşana kadar karıştırın. Hamuru yoğurmak için tahta kaşık veya elinizi kullanabilirsiniz. Hamur çok kuru geliyorsa, bir araya gelinceye kadar her seferinde bir çorba kaşığı olmak üzere biraz daha sıcak su ekleyin.

ç) Hamuru temiz, hafifçe unlanmış bir yüzeye aktarın ve pürüzsüz ve elastik hale gelinceye kadar yaklaşık 10 dakika yoğurun.

d) Hamuru yağlanmış bir kaseye koyun ve üzerini temiz bir mutfak havlusu veya plastik ambalajla örtün. Hamuru ılık bir yerde yaklaşık 1-2 saat, hacmi iki katına çıkana kadar mayalanmaya bırakın.

e) Fırınınızı önceden 180°C'ye (350°F) ısıtın. Bir fırın tepsisini yağlayın veya parşömen kağıdıyla hizalayın.

f) Hamur yükseldiğinde, hava kabarcıklarını çıkarmak için hamuru aşağı doğru bastırın. Hazırlanan fırın tepsisine hamuru aktarın ve yuvarlak bir somun şekline getirin.

g) Somunu bir mutfak havlusuyla örtün ve 30 dakika daha kabarmaya bırakın.

ğ) Pan de Alfacar'ı önceden ısıtılmış fırında yaklaşık 30 ila 35 dakika veya altın kahverengiye dönene ve altına dokunulduğunda içi boş bir ses çıkana kadar pişirin.

h) Ekmeği fırından çıkarıp tel ızgara üzerinde soğumaya bırakın.

ı) Pan de Alfacar soğuduktan sonra servis yapmadan önce üzerine bolca pudra şekeri serpin.

22. Pan Cateto

İÇİNDEKİLER:

- 4 su bardağı tam buğday unu
- 2 çay kaşığı tuz
- 1 ¼ bardak su
- 1 yemek kaşığı taze maya

TALİMATLAR:

a) Büyük bir karıştırma kabında tam buğday ununu ve tuzu birleştirin.
b) Ayrı bir küçük kapta mayayı ılık suda eritin ve köpürene kadar yaklaşık 5 dakika bekletin.
c) Unlu karışımın ortasını havuz gibi açıp mayalı karışımı dökün.
ç) Malzemeleri kaba bir hamur oluşana kadar karıştırın.
d) Hamuru temiz, hafifçe unlanmış bir yüzeye aktarın ve pürüzsüz ve elastik hale gelinceye kadar yaklaşık 10 dakika yoğurun. Hamur çok yapışkansa daha fazla un eklemeniz gerekebilir.
e) Hamuru yağlanmış bir kaseye koyun ve üzerini temiz bir mutfak havlusu veya plastik ambalajla örtün. Hamuru ılık bir yerde yaklaşık 1-2 saat, hacmi iki katına çıkana kadar mayalanmaya bırakın.
f) Fırınınızı önceden 220°C'ye (425°F) ısıtın. Bir fırın taşınız veya fırın tepsisiniz varsa, onu da önceden ısıtmak için fırına koyun.
g) Hamur yükseldiğinde, hava kabarcıklarını çıkarmak için hamuru aşağı doğru bastırın. Hamuru yuvarlak veya oval bir somun haline getirin ve parşömen kağıdıyla kaplı bir fırın tepsisine veya önceden ısıtılmış fırın taşının üzerine yerleştirin.
ğ) Dekoratif desenler oluşturmak veya ekmeğin pişerken genişlemesine yardımcı olmak için hamurun üst kısmını keskin bir bıçakla kesin.
h) Tavayı cateto'yu önceden ısıtılmış fırında yaklaşık 30 ila 40 dakika veya altın kahverengi bir kabuk oluşana ve altına dokunulduğunda içi boş bir ses çıkana kadar pişirin.
ı) Ekmeği fırından çıkarın ve dilimleyip servis etmeden önce tel ızgara üzerinde soğumasını bekleyin.

23.Pan De Cruz

İÇİNDEKİLER:

- 4 su bardağı ekmek unu
- 2 çay kaşığı tuz
- 2 çay kaşığı toz şeker
- 2 ¼ çay kaşığı aktif kuru maya
- 1 ⅓ bardak ılık su
- Yağlamak için zeytinyağı
- İsteğe bağlı: serpmek için susam veya kaba tuz

TALİMATLAR:

a) Küçük bir kapta şekeri ve mayayı ılık suda eritin. Köpük haline gelinceye kadar yaklaşık 5 dakika bekletin.

b) Büyük bir karıştırma kabında ekmek ununu ve tuzu birleştirin. Ortasını havuz şeklinde açıp maya karışımını dökün.

c) Malzemeleri bir hamur oluşana kadar karıştırın. Hamuru temiz, hafifçe unlanmış bir yüzeye aktarın ve pürüzsüz ve elastik hale gelinceye kadar yaklaşık 10 dakika yoğurun. Yapışmayı önlemek için gerekirse daha fazla un ekleyin.

ç) Hamuru yağlanmış bir kaseye koyun ve üzerini temiz bir mutfak havlusu veya plastik ambalajla örtün. Hamuru ılık bir yerde yaklaşık 1-2 saat, hacmi iki katına çıkana kadar mayalanmaya bırakın.

d) Fırınınızı önceden 220°C'ye (425°F) ısıtın. Bir fırın taşınız veya fırın tepsisiniz varsa, onu da önceden ısıtmak için fırına koyun.

e) Hamur yükseldiğinde, hava kabarcıklarını çıkarmak için hamuru aşağı doğru bastırın. Hamuru hafifçe unlanmış bir yüzeye aktarın ve yuvarlak veya oval bir somun şekline getirin.

f) Keskin bir bıçak veya hamur kazıyıcı kullanarak somunun üst kısmında çapraz bir şekil oluşturacak şekilde iki derin, kesişen kesik açın.

g) İsteğe bağlı: Daha fazla lezzet ve dekorasyon için somunun üstüne susam tohumu veya kaba tuz serpin.

ğ) Şekillendirilmiş somunu önceden ısıtılmış fırın taşı veya fırın tepsisine aktarın.

h) Pan de cruz'u önceden ısıtılmış fırında yaklaşık 25 ila 30 dakika veya altın kahverengi bir kabuk oluşana ve altına dokunulduğunda içi boş bir ses çıkana kadar pişirin.

ı) Ekmeği fırından çıkarın ve dilimleyip servis etmeden önce tel ızgara üzerinde soğumasını bekleyin.

24. Pataketa

İÇİNDEKİLER:

- 4 su bardağı ekmek unu
- 2 çay kaşığı tuz
- 2 çay kaşığı toz şeker
- 2 ¼ çay kaşığı aktif kuru maya
- 1 ⅓ bardak ılık su
- Yağlamak için zeytinyağı
- İsteğe bağlı: serpmek için susam veya kaba tuz

TALİMATLAR:

a) Küçük bir kapta şekeri ve mayayı ılık suda eritin. Köpük haline gelinceye kadar yaklaşık 5 dakika bekletin.

b) Büyük bir karıştırma kabında ekmek ununu ve tuzu birleştirin. Ortasını havuz şeklinde açıp maya karışımını dökün.

c) Malzemeleri bir hamur oluşana kadar karıştırın. Hamuru temiz, hafifçe unlanmış bir yüzeye aktarın ve pürüzsüz ve elastik hale gelinceye kadar yaklaşık 10 dakika yoğurun. Yapışmayı önlemek için gerekirse daha fazla un ekleyin.

ç) Hamuru yağlanmış bir kaseye koyun ve üzerini temiz bir mutfak havlusu veya plastik ambalajla örtün. Hamuru ılık bir yerde yaklaşık 1-2 saat, hacmi iki katına çıkana kadar mayalanmaya bırakın.

d) Fırınınızı önceden 220°C'ye (425°F) ısıtın. Bir fırın taşınız veya fırın tepsisiniz varsa, onu da önceden ısıtmak için fırına yerleştirin.

e) Hamur yükseldiğinde, hava kabarcıklarını çıkarmak için hamuru aşağı doğru bastırın. Hamuru tenis topu büyüklüğünde küçük parçalara bölün.

f) Hamurun her bir kısmına yuvarlak veya oval şekil verin ve parşömen kağıdıyla kaplı bir fırın tepsisine yerleştirin.

g) İsteğe bağlı: Pataquetaların üst kısımlarını suyla fırçalayın ve daha fazla lezzet ve dekorasyon için susam veya kaba tuz serpin.

ğ) Şekillendirilmiş ruloların 15 ila 20 dakika daha yükselmesine izin verin.

h) Pataquetaları önceden ısıtılmış fırında yaklaşık 15 ila 20 dakika veya altın kahverengiye dönene kadar pişirin.

ı) Ruloları fırından çıkarın ve servis yapmadan önce biraz soğumasını bekleyin.

25. Telera

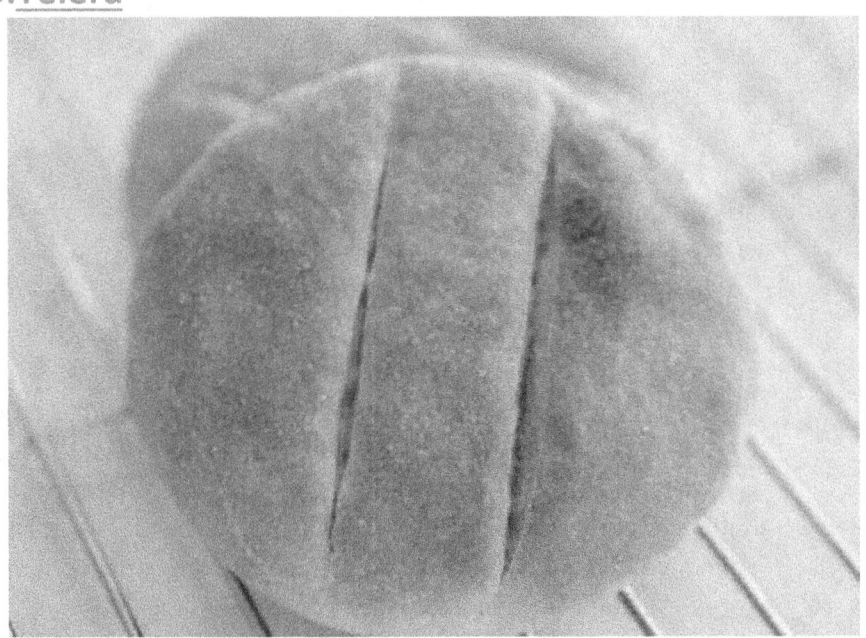

İÇİNDEKİLER:

- 4 su bardağı ekmek unu
- 2 çay kaşığı tuz
- 2 çay kaşığı toz şeker
- 2 ¼ çay kaşığı aktif kuru maya
- 1 ⅓ bardak ılık su
- 2 yemek kaşığı bitkisel yağ
- İsteğe bağlı: toz almak için mısır unu veya irmik unu

TALİMATLAR:

a) Küçük bir kapta şekeri ve mayayı ılık suda eritin. Köpük haline gelinceye kadar yaklaşık 5 dakika bekletin.

b) Büyük bir karıştırma kabında ekmek ununu ve tuzu birleştirin. Ortasını havuz şeklinde açıp maya karışımını ve bitkisel yağı dökün.

c) Malzemeleri bir hamur oluşana kadar karıştırın. Hamuru temiz, hafifçe unlanmış bir yüzeye aktarın ve pürüzsüz ve elastik hale gelinceye kadar yaklaşık 10 dakika yoğurun. Yapışmayı önlemek için gerekirse daha fazla un ekleyin.

ç) Hamuru yağlanmış bir kaseye koyun ve üzerini temiz bir mutfak havlusu veya plastik ambalajla örtün. Hamuru ılık bir yerde yaklaşık 1-2 saat, hacmi iki katına çıkana kadar mayalanmaya bırakın.

d) Fırınınızı önceden 220°C'ye (425°F) ısıtın. Bir fırın taşınız veya fırın tepsisiniz varsa, onu da önceden ısıtmak için fırına yerleştirin.

e) Hamur yükseldiğinde, hava kabarcıklarını çıkarmak için hamuru aşağı doğru bastırın. Hamuru hafifçe unlanmış bir yüzeye aktarın ve dikdörtgen veya oval bir somun şekline getirin.

f) Şekil verilen hamuru, parşömen kağıdıyla kaplı bir fırın tepsisine yerleştirin. İstenirse yapışmayı önlemek için parşömen kağıdının üzerine biraz mısır unu veya irmik unu serpin ve kabuğa rustik bir doku katın.

g) Şekil verdiğiniz hamurun üzerini temiz bir mutfak havlusu ile örtüp 15-20 dakika daha mayalanmaya bırakın.

ğ) Telera ekmeğini önceden ısıtılmış fırında yaklaşık 15 ila 20 dakika veya altın kahverengiye dönene ve altına dokunulduğunda içi boş bir ses çıkana kadar pişirin.

h) Ekmeği fırından çıkarın ve dilimleyip sandviç olarak kullanmadan önce tel ızgara üzerinde soğumasını bekleyin.

26. Llonguet

İÇİNDEKİLER:
- 4 su bardağı ekmek unu
- 2 çay kaşığı tuz
- 2 çay kaşığı toz şeker
- 2 ¼ çay kaşığı aktif kuru maya
- 1 ⅓ bardak ılık su
- 2 yemek kaşığı zeytinyağı
- İsteğe bağlı: üzeri için susam veya kaba tuz

TALİMATLAR:

a) Küçük bir kapta şekeri ve mayayı ılık suda eritin. Köpük haline gelinceye kadar yaklaşık 5 dakika bekletin.

b) Büyük bir karıştırma kabında ekmek ununu ve tuzu birleştirin. Ortasını havuz şeklinde açıp maya karışımını ve zeytinyağını dökün.

c) Malzemeleri bir hamur oluşana kadar karıştırın. Hamuru temiz, hafifçe unlanmış bir yüzeye aktarın ve pürüzsüz ve elastik hale gelinceye kadar yaklaşık 10 dakika yoğurun. Yapışmayı önlemek için gerekirse daha fazla un ekleyin.

ç) Hamuru yağlanmış bir kaseye koyun ve üzerini temiz bir mutfak havlusu veya plastik ambalajla örtün. Hamuru ılık bir yerde yaklaşık 1-2 saat, hacmi iki katına çıkana kadar mayalanmaya bırakın.

d) Fırınınızı önceden 220°C'ye (425°F) ısıtın. Bir fırın taşınız veya fırın tepsisiniz varsa, onu da önceden ısıtmak için fırına koyun.

e) Hamur yükseldiğinde, hava kabarcıklarını çıkarmak için hamuru aşağı doğru bastırın. Hamuru hafifçe unlanmış bir yüzeye aktarın ve tenis topu büyüklüğünde daha küçük parçalara bölün.

f) Hamurun her bir kısmını küçük bir bagete benzeyen dikdörtgen veya oval bir şekle sokun. Şekil verdiğiniz yufkaları yağlı kağıt serili fırın tepsisine aralarında biraz boşluk kalacak şekilde dizin.

g) İsteğe bağlı: Daha fazla lezzet ve dekorasyon için dilimlerin üst kısımlarını suyla fırçalayın ve üzerine susam veya kaba tuz serpin.

ğ) Şekillendirilmiş dilimlerin 15 ila 20 dakika daha yükselmesine izin verin.

h) Longuet'leri önceden ısıtılmış fırında yaklaşık 15 ila 20 dakika veya altın rengi kahverengiye dönene ve hafif çıtır bir kabuk oluşana kadar pişirin.

ı) Longuetleri fırından çıkarın ve sandviç olarak kullanmadan veya kendi başınıza yemeden önce tel ızgara üzerinde soğumasını bekleyin.

27. Borona

İÇİNDEKİLER:

- 4 su bardağı ekmek unu
- 2 çay kaşığı tuz
- 2 çay kaşığı toz şeker
- 2 ¼ çay kaşığı aktif kuru maya
- 1 ⅓ bardak ılık su
- 2 yemek kaşığı zeytinyağı
- Toz almak için mısır unu veya irmik unu

TALİMATLAR:

a) Küçük bir kapta şekeri ve mayayı ılık suda eritin. Köpük haline gelinceye kadar yaklaşık 5 dakika bekletin.

b) Büyük bir karıştırma kabında ekmek ununu ve tuzu birleştirin. Ortasını havuz şeklinde açıp maya karışımını ve zeytinyağını dökün.

c) Malzemeleri bir hamur oluşana kadar karıştırın. Hamuru temiz, hafifçe unlanmış bir yüzeye aktarın ve pürüzsüz ve elastik hale gelinceye kadar yaklaşık 10 dakika yoğurun. Yapışmayı önlemek için gerekirse daha fazla un ekleyin.

ç) Hamuru yağlanmış bir kaseye koyun ve üzerini temiz bir mutfak havlusu veya plastik ambalajla örtün. Hamuru ılık bir yerde yaklaşık 1-2 saat, hacmi iki katına çıkana kadar mayalanmaya bırakın.

d) Fırınınızı önceden 220°C'ye (425°F) ısıtın. Bir fırın taşınız veya fırın tepsisiniz varsa, onu da önceden ısıtmak için fırına yerleştirin.

e) Hamur yükseldiğinde, hava kabarcıklarını çıkarmak için hamuru aşağı doğru bastırın. Hamuru hafifçe unlanmış bir yüzeye aktarın ve yuvarlak veya oval bir somun şekline getirin.

f) Şekil verilen hamuru, parşömen kağıdıyla kaplı bir fırın tepsisine yerleştirin. Somunun üstünü mısır unu veya irmik unu ile tozlayın.

g) Hamurun üzerini temiz bir mutfak havlusuyla örtün ve 15-20 dakika daha mayalanmaya bırakın.

ğ) Keskin bir bıçakla ekmeğin üzerine dekoratif bir desen oluşturmak için kesikler yapın.

h) Boroña ekmeğini önceden ısıtılmış fırında yaklaşık 30 ila 35 dakika veya altın rengi kahverengiye dönene ve sert bir kabuğa sahip olana kadar pişirin.

ı) Ekmeği fırından çıkarın ve dilimleyip servis etmeden önce tel ızgara üzerinde soğumasını bekleyin.

28. Tabanca

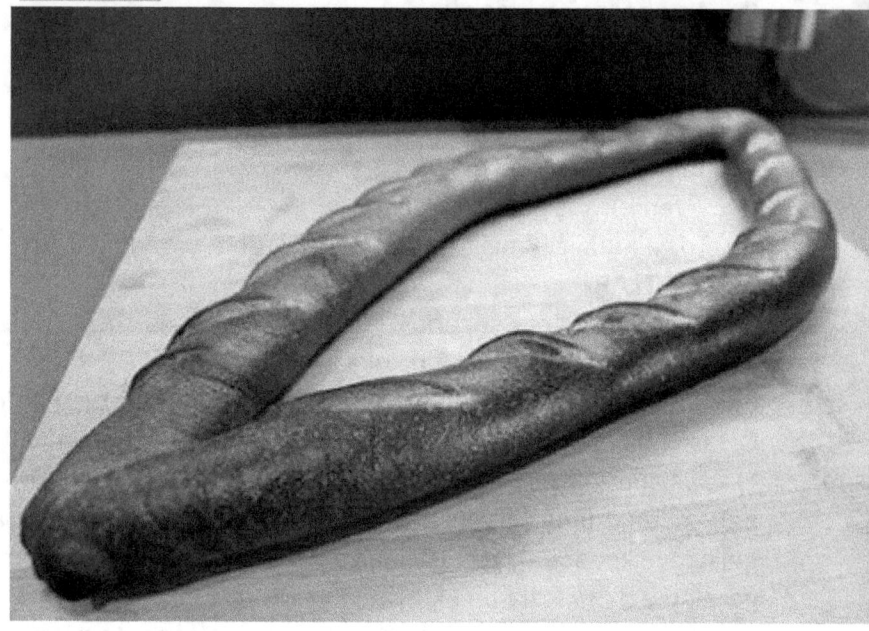

İÇİNDEKİLER:
- 4 su bardağı ekmek unu
- 2 çay kaşığı tuz
- 2 çay kaşığı toz şeker
- 2 ¼ çay kaşığı aktif kuru maya
- 1 ⅓ bardak ılık su
- Yağlamak için zeytinyağı
- İsteğe bağlı: üzeri için susam veya haşhaş tohumu

TALİMATLAR:

a) Küçük bir kapta şekeri ve mayayı ılık suda eritin. Köpük haline gelinceye kadar yaklaşık 5 dakika bekletin.

b) Büyük bir karıştırma kabında ekmek ununu ve tuzu birleştirin. Ortasını havuz şeklinde açıp maya karışımını dökün.

c) Malzemeleri bir hamur oluşana kadar karıştırın. Hamuru temiz, hafifçe unlanmış bir yüzeye aktarın ve pürüzsüz ve elastik hale gelinceye kadar yaklaşık 10 dakika yoğurun. Yapışmayı önlemek için gerekirse daha fazla un ekleyin.

ç) Hamuru yağlanmış bir kaseye koyun ve üzerini temiz bir mutfak havlusu veya plastik ambalajla örtün. Hamuru ılık bir yerde yaklaşık 1-2 saat, hacmi iki katına çıkana kadar mayalanmaya bırakın.

d) Fırınınızı önceden 220°C'ye (425°F) ısıtın. Bir fırın taşınız veya fırın tepsisiniz varsa, onu da önceden ısıtmak için fırına yerleştirin.

e) Hamur yükseldiğinde, hava kabarcıklarını çıkarmak için hamuru aşağı doğru bastırın. Hamuru hafifçe unlanmış bir yüzeye aktarın ve yaklaşık olarak büyük bir rulo büyüklüğünde daha küçük porsiyonlara bölün.

f) Hamurun her bir kısmını mini bir baget veya tabanca şekline benzeyen uzun bir rulo halinde şekillendirin. Şekillendirilmiş tabanca rulolarını parşömen kağıdıyla kaplı bir fırın tepsisine yerleştirin.

g) İsteğe bağlı: Tabanca rulolarının üst kısımlarını suyla fırçalayın ve daha fazla lezzet ve dekorasyon için üzerine susam veya haşhaş tohumu serpin.

ğ) Şekillendirilmiş ruloların 15 ila 20 dakika daha yükselmesine izin verin.

h) Pistola rulolarını önceden ısıtılmış fırında yaklaşık 15 ila 20 dakika veya altın rengi kahverengiye dönene ve hafif çıtır bir kabuğa sahip olana kadar pişirin.

ı) Ruloları fırından çıkarın ve servis yapmadan önce tel ızgara üzerinde soğumasını bekleyin.

29. Regañao

İÇİNDEKİLER:
- 2 fincan çok amaçlı un
- 1 çay kaşığı tuz
- 1 çay kaşığı kırmızı biber (isteğe bağlı, lezzet için)
- ½ bardak ılık su
- 2 yemek kaşığı zeytinyağı
- Üzerine serpmek için kaba tuz

SÜSLEME
- Serrano jambonu dilimleri(İsteğe bağlı)

TALİMATLAR:

a) Bir karıştırma kabında un, tuz ve kırmızı biberi (kullanılıyorsa) birleştirin. Malzemelerin eşit şekilde dağılması için iyice karıştırın.

b) Kuru malzemelerin ortasına bir havuz açın ve ılık su ve zeytinyağını dökün.

c) Karışımı bir kaşıkla veya elinizle bir araya gelinceye kadar hamur haline gelinceye kadar karıştırın.

ç) Hamuru temiz, hafifçe unlanmış bir yüzeye aktarın ve pürüzsüz ve elastik hale gelinceye kadar yaklaşık 5 dakika yoğurun.

d) Hamuru daha küçük parçalara bölün ve üzerlerini temiz bir mutfak havlusu ile örtün. Gluteni rahatlatmak için hamuru yaklaşık 15-20 dakika dinlendirin.

e) Fırınınızı önceden 200°C'ye (400°F) ısıtın.

f) Hamurdan bir parça alın ve yaklaşık 1-2 milimetre kalınlık hedeflenerek mümkün olduğu kadar ince açın. Hamuru açmak için oklava veya elinizi kullanabilirsiniz.

g) Açılan hamuru parşömen kağıdıyla kaplı bir fırın tepsisine aktarın. İşlemi kalan hamur porsiyonlarıyla tekrarlayın, bunları ayrı fırın tepsilerine yerleştirin veya her regañao ekmeği arasında yeterli boşluk bırakın.

ğ) Hamurun yüzeyine kaba tuz serpin, yapışmasını sağlamak için hafifçe bastırın.

h) Regañao ekmeğini önceden ısıtılmış fırında yaklaşık 8-10 dakika veya altın kahverengi ve gevrek oluncaya kadar pişirin. Çabuk kahverengileşebileceği için dikkatli olun.

ı) Fırın tepsilerini fırından çıkarın ve regañao ekmeğinin tel raflar üzerinde tamamen soğumasını bekleyin.

i) Soğuduktan sonra regañao ekmeği, üzerine jambon eklenerek tüketilmeye hazırdır.

30.Torta De Aranda

İÇİNDEKİLER:

- 4 su bardağı ekmek unu
- 300 mililitre ılık su
- 10 gram tuz
- 10 gram taze maya (veya 5 gram aktif kuru maya)
- Yağlamak için zeytinyağı

TALİMATLAR:

a) Büyük bir karıştırma kabında ekmek ununu ve tuzu birleştirin.

b) Yaş mayayı ılık suda eritin. Aktif kuru maya kullanıyorsanız, ılık suyun bir kısmında eritin ve devam etmeden önce yaklaşık 5-10 dakika aktif hale gelmesini bekleyin.

c) Unlu karışımın ortasını havuz gibi açıp mayalı karışımı dökün. Unu yavaş yavaş sıvının içine katın, tahta kaşıkla veya ellerinizle sert bir hamur oluşuncaya kadar karıştırın.

ç) Hamuru hafifçe unlanmış bir yüzeye aktarın ve yaklaşık 10-15 dakika veya pürüzsüz ve elastik hale gelinceye kadar yoğurun. Eğer hamur çok cıvık olursa az miktarda un ekleyin.

d) Hamuru yuvarlak top haline getirin ve tekrar karıştırma kabına koyun. Kaseyi temiz bir mutfak havlusuyla örtün ve hamuru ılık bir yerde yaklaşık 1-2 saat veya hacmi iki katına çıkana kadar mayalandırın.

e) Fırınınızı önceden 230°C'ye (450°F) ısıtın.

f) Hamur kabardıktan sonra hava kabarcıklarının çıkması için hafifçe vurun. Yağlanmış bir fırın tepsisine veya pizza taşı üzerine ters çevirin.

g) Ellerinizle hamuru yaklaşık 1-2 inç kalınlığında disk şeklinde bastırıp düzleştirin. Bir desen oluşturmak için hamurun üst kısmında birkaç çapraz kesim yapın.

ğ) Hamurun yüzeyini zeytinyağıyla fırçalayın.

h) Fırın tepsisini veya pizza taşını hamurla birlikte önceden ısıtılmış fırına yerleştirin. Yaklaşık 20-25 dakika veya ekmek altın sarısı bir renk alana ve altına dokunulduğunda içi boş bir ses çıkana kadar pişirin.

ı) Torta de Aranda'yı fırından çıkarın ve dilimleyip servis etmeden önce tel ızgara üzerinde soğumasını bekleyin.

31.Txantxigorri

İÇİNDEKİLER:

- 4 su bardağı ekmek unu
- 2 ¼ çay kaşığı tuz
- 1 yemek kaşığı taze maya
- 1 ⅓ su bardağı ılık su
- Tozunu almak için mısır unu veya irmik

TALİMATLAR:

a) Büyük bir karıştırma kabında ekmek ununu ve tuzu birleştirin.
b) Taze mayayı ılık suda çözün veya aktif kuru maya kullanıyorsanız paket talimatlarına göre aktifleştirin.
c) Unlu karışımın ortasını havuz gibi açıp mayalı karışımı dökün. Bir hamur oluşmaya başlayana kadar iyice karıştırın.
ç) Hamuru temiz, hafifçe unlanmış bir yüzeye aktarın ve pürüzsüz ve elastik hale gelinceye kadar yaklaşık 10-15 dakika yoğurun. Alternatif olarak, yoğurma için hamur kancası eklentisine sahip bir stand mikseri kullanabilirsiniz.
d) Hamuru yağlanmış bir kaseye koyun ve üzerini temiz bir mutfak havlusu veya plastik ambalajla örtün. Hamuru ılık bir yerde yaklaşık 1-2 saat, hacmi iki katına çıkana kadar mayalanmaya bırakın.
e) Fırınınızı önceden 220°C'ye (425°F) ısıtın. Ön ısıtma için fırının içine bir fırın taşı veya fırın tepsisi yerleştirin.
f) Hamur yükseldiğinde, hava kabarcıklarını çıkarmak için hamuru aşağı doğru bastırın. Hamuru yuvarlak bir somun haline getirin ve mısır unu veya irmik serpilmiş bir fırın tepsisine yerleştirin.
g) Ekmeğin yüzeyinde çapraz çizgiler veya çapraz çizgi deseni gibi dekoratif eğik çizgiler veya işaretler yapmak için keskin bir bıçak veya tıraş bıçağı kullanın. Bu, Txantxigorri'ye karakteristik görünümünü verir.
ğ) Ekmeği önceden ısıtılmış fırına aktarın ve yaklaşık 25-30 dakika veya kabuk altın rengi kahverengiye dönene ve altına dokunulduğunda içi boş bir ses çıkana kadar pişirin.
h) Txantxigorri'yi fırından çıkarın ve dilimleyip servis etmeden önce tel ızgara üzerinde soğumasını bekleyin.

32.Pan De Semillas

İÇİNDEKİLER:
- 4 su bardağı ekmek unu
- 2 ¼ çay kaşığı aktif kuru maya
- 1 çay kaşığı şeker
- 1 çay kaşığı tuz
- 1 ¼ su bardağı ılık su
- 2 yemek kaşığı zeytinyağı
- Üzerini kaplamak ve hamuru karıştırmak için çeşitli tohumlar (ayçiçeği çekirdeği, kabak çekirdeği, susam tohumu, keten tohumu vb.)

TALİMATLAR:

a) Küçük bir kapta şekeri ılık suda eritin. Mayayı suyun üzerine serpin ve köpük haline gelinceye kadar yaklaşık 5 dakika bekletin.

b) Büyük bir karıştırma kabında ekmek ununu ve tuzu birleştirin. Ortasını havuz şeklinde açıp maya karışımını ve zeytinyağını dökün.

c) Malzemeleri bir hamur oluşana kadar karıştırın. Hamuru unlanmış bir yüzeye aktarın ve pürüzsüz ve elastik hale gelinceye kadar yaklaşık 10 dakika yoğurun. Yapışmayı önlemek için gerekirse daha fazla un ekleyin.

ç) Hamuru yağlanmış bir kaba alıp üzerini temiz bir mutfak havlusuyla örtün ve ılık bir yerde yaklaşık 1-2 saat, hacmi iki katına çıkana kadar mayalanmaya bırakın.

d) Fırınınızı önceden 220°C'ye (425°F) ısıtın.

e) Hamur yükseldiğinde, hava kabarcıklarını çıkarmak için hamuru aşağı doğru bastırın. Hamuru hafifçe unlanmış bir yüzeye aktarın ve ayçiçeği çekirdeği, kabak çekirdeği, susam veya keten tohumu gibi çeşitli tohumları ekleyerek yoğurun. Bir avuç veya daha fazla tohum ekleyin ve bunları hamurun içine eşit şekilde ekleyin.

f) Hamuru bir somun haline getirin veya bireysel rulolar için daha küçük porsiyonlara bölün.

g) Şekil verdiğiniz hamuru yağlanmış veya parşömen kaplı bir fırın tepsisine yerleştirin. Üzerini mutfak havlusu ile örtüp 30 dakika daha mayalanmaya bırakın.

ğ) İsteğe bağlı: Somunun üstünü suyla fırçalayın ve dekorasyon için üstüne ilave tohumlar serpin.

h) Ekmeği önceden ısıtılmış fırında yaklaşık 30-35 dakika veya kabuk altın rengi kahverengi olana ve tabanına vurulduğunda ekmeğin içi boş bir ses çıkarana kadar pişirin.

ı) Ekmeği fırından çıkarın ve dilimlemeden önce tel ızgara üzerinde soğumasını bekleyin.

33.Oreja

İÇİNDEKİLER:
- 1 yaprak puf böreği, çözülmüş (mağazadan satın alınmış veya ev yapımı)
- Üzerine serpmek için toz şeker

TALİMATLAR:
a) Fırınınızı, puf böreği paketinin üzerinde belirtilen sıcaklığa veya yaklaşık 200°C (400°F) sıcaklığa kadar önceden ısıtın.
b) Milföy hamurunu hafifçe unlanmış bir yüzeyde hafifçe düzleştirmek için açın.
c) Milföy hamuru tabakasının tüm yüzeyine bol miktarda toz şeker serpin.
ç) Milföy hamurunu bir kenarından başlayarak ortasına doğru sıkıca sarın. Diğer kenarla da aynı işlemi tekrarlayın ve merkeze doğru yuvarlayın. İki rulo ortada buluşmalıdır.
d) Keskin bir bıçak kullanarak, haddelenmiş puf böreğini çapraz olarak yaklaşık ½ inç kalınlığında ince dilimler halinde kesin.
e) Dilimlenmiş milföy hamurlarını parşömen kağıdıyla kaplı bir fırın tepsisine yerleştirin, pişirme sırasında genişleyeceği için her dilim arasında biraz boşluk bırakın.
f) Hafifçe düzleştirmek için her dilimin üzerine avucunuzla hafifçe bastırın.
g) Her dilimin üzerine biraz daha toz şeker serpin.
ğ) Orejaları önceden ısıtılmış fırında yaklaşık 12-15 dakika veya altın kahverengi ve gevrek oluncaya kadar pişirin.
h) Orejaları fırından çıkarın ve tel ızgara üzerinde soğumaya bırakın.

YUNAN EKMEK

34. Lagana

İÇİNDEKİLER:

- 4 su bardağı çok amaçlı un
- 1 yemek kaşığı aktif kuru maya
- 1 çay kaşığı şeker
- 1 çay kaşığı tuz
- 2 yemek kaşığı zeytinyağı
- 1 ½ su bardağı ılık su
- Üzerine serpmek için susam

TALİMATLAR:

a) Küçük bir kapta şekeri ılık suda eritin. Mayayı suyun üzerine serpin ve yaklaşık 5 dakika veya köpürene kadar bekletin.

b) Büyük bir karıştırma kabında un ve tuzu birleştirin. Ortasını havuz şeklinde açıp zeytinyağı ve maya karışımını dökün. Hamur toparlanmaya başlayıncaya kadar tahta kaşıkla veya elinizle karıştırın.

c) Hamuru unlanmış bir yüzeye aktarın ve yaklaşık 5-7 dakika veya hamur pürüzsüz ve elastik hale gelinceye kadar yoğurun.

ç) Hamuru yağlanmış bir kaseye koyun, temiz bir mutfak havlusuyla örtün ve ılık bir yerde yaklaşık 1 saat veya hacmi iki katına çıkana kadar mayalanmaya bırakın.

d) Fırınınızı 220°C'ye (425°F) önceden ısıtın. Bir fırın tepsisini parşömen kağıdıyla hizalayın.

e) Yükselen hamuru yumruklayın ve unlanmış bir yüzeye aktarın. Hamuru iki eşit parçaya bölün.

f) Hamurun her parçasını yaklaşık ¼ inç kalınlığında dikdörtgen şeklinde açın. Düzleştirilen hamuru hazırlanan fırın tepsisine aktarın.

g) Her bir gözleme ekmeğinin üstünü hafifçe suyla fırçalayın ve yüzeye susam serpin.

ğ) Parmaklarınızı kullanarak hamurun üzerinde girintiler oluşturarak çizgiler veya noktalardan oluşan bir desen oluşturun.

h) Lagana gözlemesini önceden ısıtılmış fırında yaklaşık 20-25 dakika veya altın rengi kahverengi ve gevrek olana kadar pişirin.

ı) Fırından çıkarın ve dilimleyip servis etmeden önce tel ızgara üzerinde soğumasını bekleyin.

35. Horiatiko Psomi

İÇİNDEKİLER:
- 5 su bardağı ekmeklik un
- 2 çay kaşığı aktif kuru maya
- 2 çay kaşığı tuz
- 2 ½ su bardağı ılık su
- 2 yemek kaşığı zeytinyağı

TALİMATLAR:

a) Küçük bir kapta mayayı ılık suda eritin. Yaklaşık 5 dakika veya köpürene kadar bekletin.

b) Büyük bir karıştırma kabında ekmek ununu ve tuzu birleştirin. Ortasını havuz şeklinde açıp maya karışımını ve zeytinyağını dökün. Hamur toparlanmaya başlayıncaya kadar tahta kaşıkla veya elinizle karıştırın.

c) Hamuru unlanmış bir yüzeye aktarın ve yaklaşık 10-15 dakika veya hamur pürüzsüz ve elastik hale gelinceye kadar yoğurun.

ç) Hamuru yağlanmış bir kaseye koyun, üzerini temiz bir mutfak havlusu ile örtün ve ılık bir yerde yaklaşık 1-2 saat veya hacmi iki katına çıkana kadar mayalanmaya bırakın.

d) Hamur mayalandıktan sonra yuvarlayın ve yuvarlak veya oval bir somun şekline getirin.

e) Fırınınızı 230°C'ye (450°F) önceden ısıtın. Ön ısıtma için fırına bir fırın taşı veya ters çevrilmiş bir fırın tepsisi yerleştirin.

f) Şekil verilen hamuru, parşömen kağıdıyla kaplı bir fırın tepsisine veya un serpilmiş bir fırın tepsisine aktarın.

g) Keskin bir bıçak kullanarak hamurun yüzeyinde çapraz kesikler yapın. Bu, ekmeğin genişlemesine ve rustik bir kabuk oluşturmasına yardımcı olacaktır.

ğ) Fırın tepsisini hamurla birlikte önceden ısıtılmış fırın taşının veya ters çevrilmiş fırın tepsisinin üzerine yerleştirin.

h) Yaklaşık 30-35 dakika veya ekmek altın rengi kahverengi olana ve altına dokunulduğunda içi boş bir ses çıkana kadar pişirin.

ı) Ekmeği fırından çıkarın ve dilimleyip servis etmeden önce tel ızgara üzerinde soğumasını bekleyin.

i) Yunan Köy Ekmeği (Horiatiko Psomi), Yunan mezeleri, çorbalar, güveçler veya sadece zeytinyağına batırılmış olarak keyifle tüketilmek için mükemmeldir. Rustik bir çekiciliğe sahip, lezzetli ve doyurucu bir ekmektir. Eğlence!

36.Ladeni

İÇİNDEKİLER:
- 4 su bardağı çok amaçlı un
- 2 çay kaşığı aktif kuru maya
- 1 çay kaşığı şeker
- 1 çay kaşığı tuz
- 2 yemek kaşığı zeytinyağı
- 1 ½ su bardağı ılık su
- 4 orta boy domates, dilimlenmiş
- 1 orta boy kırmızı soğan, ince dilimlenmiş
- 1 su bardağı Kalamata zeytini, çekirdekleri çıkarılmış ve ikiye bölünmüş
- 2 yemek kaşığı taze kekik, doğranmış
- Tatmak için biber ve tuz
- Üzerine sürmek için ekstra zeytinyağı

TALİMATLAR:

a) Küçük bir kapta şekeri ılık suda eritin. Mayayı suyun üzerine serpin ve yaklaşık 5 dakika veya köpürene kadar bekletin.

b) Büyük bir karıştırma kabında un ve tuzu birleştirin. Ortasını havuz şeklinde açıp zeytinyağı ve maya karışımını dökün. Hamur toparlanmaya başlayıncaya kadar tahta kaşıkla veya elinizle karıştırın.

c) Hamuru unlanmış bir yüzeye aktarın ve yaklaşık 5-7 dakika veya hamur pürüzsüz ve elastik hale gelinceye kadar yoğurun.

ç) Hamuru yağlanmış bir kaseye koyun, temiz bir mutfak havlusuyla örtün ve ılık bir yerde yaklaşık 1 saat veya hacmi iki katına çıkana kadar mayalanmaya bırakın.

d) Fırınınızı 220°C'ye (425°F) önceden ısıtın. Bir fırın tepsisini parşömen kağıdıyla hizalayın.

e) Yükselen hamuru yumruklayın ve hazırlanan fırın tepsisine aktarın. Ellerinizi kullanarak hamuru yaklaşık ½ inç kalınlığında dikdörtgen veya oval bir şekle bastırın ve uzatın.

f) Dilimlenmiş domatesleri, kırmızı soğanları ve Kalamata zeytinlerini hamurun üzerine dizin. Taze veya kurutulmuş kekik, tuz ve karabiber serpin.

g) Topakların üzerine biraz zeytinyağı gezdirin.

ğ) Önceden ısıtılmış fırında yaklaşık 20-25 dakika veya ekmek altın rengi kahverengi olana ve tamamen pişene kadar pişirin.

h) Fırından çıkarın ve dilimleyip servis etmeden önce tel ızgara üzerinde soğumasını bekleyin.

37.Psomi Pide

İÇİNDEKİLER:

- 3 su bardağı çok amaçlı un
- 1 çay kaşığı aktif kuru maya
- 1 çay kaşığı şeker
- 1 çay kaşığı tuz
- 2 yemek kaşığı zeytinyağı
- 1 su bardağı ılık su

TALİMATLAR:

a) Küçük bir kapta şekeri ılık suda eritin. Mayayı suyun üzerine serpin ve yaklaşık 5 dakika veya köpürene kadar bekletin.

b) Büyük bir karıştırma kabında un ve tuzu birleştirin. Ortasını havuz şeklinde açıp zeytinyağı ve maya karışımını dökün. Hamur toparlanmaya başlayıncaya kadar tahta kaşıkla veya elinizle karıştırın.

c) Hamuru unlanmış bir yüzeye aktarın ve yaklaşık 5-7 dakika veya hamur pürüzsüz ve elastik hale gelinceye kadar yoğurun. Yapışmayı önlemek için gerekirse daha fazla un ekleyin, ancak hamuru yumuşak tutmak için çok fazla un eklemekten kaçının.

ç) Hamuru yağlanmış bir kaseye koyun, üzerini temiz bir mutfak havlusu ile örtün ve ılık bir yerde yaklaşık 1-2 saat veya hacmi iki katına çıkana kadar mayalanmaya bırakın.

d) Hamur mayalandıktan sonra yuvarlayın ve unlanmış bir yüzeye aktarın. Hamuru 8 eşit parçaya bölün.

e) Her parçayı top haline getirin ve elinizle düzleştirin. Her bir parçayı merdane yardımıyla yarım santim kalınlığında daire şeklinde açın.

f) Yapışmaz bir tavayı veya ızgarayı orta-yüksek ateşte ısıtın. Açılmış bir pide ekmeğini sıcak tavaya yerleştirin ve her iki tarafını da yaklaşık 1-2 dakika veya kabarıp altın rengi kahverengi lekeler oluşana kadar pişirin.

g) Pişmiş pide ekmeğini tavadan çıkarın ve yumuşak ve esnek kalması için temiz bir mutfak havlusuna sarın. İşlemi hamurun kalan kısımlarıyla tekrarlayın.

ğ) Yunan Pide Ekmeği'ni ılık veya oda sıcaklığında servis edin. Sandviç, dürüm yapmak için kullanılabilir veya parçalara ayrılıp soslara veya soslara batırılarak kullanılabilir.

38. Psomi Spitiko

İÇİNDEKİLER:

- 4 su bardağı çok amaçlı un
- 2 çay kaşığı aktif kuru maya
- 1 çay kaşığı şeker
- 1 çay kaşığı tuz
- 2 yemek kaşığı zeytinyağı
- 1 ½ su bardağı ılık su

TALİMATLAR:

a) Küçük bir kapta şekeri ılık suda eritin. Mayayı suyun üzerine serpin ve yaklaşık 5 dakika veya köpürene kadar bekletin.

b) Büyük bir karıştırma kabında un ve tuzu birleştirin. Ortasını havuz şeklinde açıp zeytinyağı ve maya karışımını dökün.

c) Hamur toparlanmaya başlayıncaya kadar tahta kaşıkla veya elinizle karıştırın.

ç) Hamuru unlanmış bir yüzeye aktarın ve yaklaşık 5-7 dakika veya hamur pürüzsüz ve elastik hale gelinceye kadar yoğurun.

d) Hamuru yağlanmış bir kaseye koyun, üzerini temiz bir mutfak havlusu ile örtün ve ılık bir yerde yaklaşık 1-2 saat veya hacmi iki katına çıkana kadar mayalanmaya bırakın.

e) Hamur mayalandıktan sonra yuvarlayın ve unlanmış bir yüzeye aktarın. Yuvarlak somun şekline getirin.

f) Fırınınızı 220°C'ye (425°F) önceden ısıtın. Ön ısıtma için fırına bir fırın taşı veya ters çevrilmiş bir fırın tepsisi yerleştirin.

g) Şekil verdiğiniz hamuru fırında önceden ısıtılmış fırın taşının veya ters çevrilmiş fırın tepsisinin üzerine aktarın.

ğ) Yaklaşık 30-35 dakika veya ekmek altın rengi kahverengi olana ve altına dokunulduğunda içi boş bir ses çıkana kadar pişirin.

h) Ekmeği fırından çıkarın ve dilimleyip servis etmeden önce tel ızgara üzerinde soğumasını bekleyin.

39.Koulouri Selanik

İÇİNDEKİLER:

- 4 su bardağı çok amaçlı un
- 2 çay kaşığı aktif kuru maya
- 1 çay kaşığı şeker
- 1 çay kaşığı tuz
- 2 yemek kaşığı zeytinyağı
- 1 ½ su bardağı ılık su
- ½ su bardağı susam
- ¼ su bardağı ılık su (susam ezmesi için)
- 2 yemek kaşığı zeytinyağı (susam ezmesi için)
- ½ çay kaşığı tuz (susam ezmesi için)

TALİMATLAR:

a) Küçük bir kapta şekeri ılık suda eritin. Mayayı suyun üzerine serpin ve yaklaşık 5 dakika veya köpürene kadar bekletin.

b) Büyük bir karıştırma kabında un ve tuzu birleştirin. Ortasını havuz şeklinde açıp zeytinyağı ve maya karışımını dökün. Hamur toparlanmaya başlayıncaya kadar tahta kaşıkla veya elinizle karıştırın.

c) Hamuru unlanmış bir yüzeye aktarın ve yaklaşık 5-7 dakika veya hamur pürüzsüz ve elastik hale gelinceye kadar yoğurun.

ç) Hamuru yağlanmış bir kaseye koyun, üzerini temiz bir mutfak havlusu ile örtün ve ılık bir yerde yaklaşık 1-2 saat veya hacmi iki katına çıkana kadar mayalanmaya bırakın.

d) Hamur mayalandıktan sonra yuvarlayın ve unlanmış bir yüzeye aktarın. Hamuru daha küçük parçalara bölün ve her parçayı yaklaşık 12 inç uzunluğunda uzun bir ip şeklinde yuvarlayın.

e) Her bir hamur ipini bir halka şeklinde şekillendirin, uçları üst üste bindirin ve mühürlemek için birbirine sıkıştırın.

f) Fırınınızı 200°C'ye (400°F) önceden ısıtın. Bir fırın tepsisini parşömen kağıdıyla hizalayın.

g) Küçük bir kapta susam tohumlarını, ılık suyu, zeytinyağını ve tuzu karıştırıp bir macun oluşturun.

ğ) Her ekmek halkasını susam tohumu ezmesine batırın ve her tarafının iyice kaplandığından emin olun. Susam tohumlarını hamurun üzerine hafifçe bastırarak yapışmasını sağlayın.

h) Kaplanmış ekmek halkalarını hazırlanan fırın tepsisine yerleştirin ve aralarında genleşme için biraz boşluk bırakın.

ı) Önceden ısıtılmış fırında yaklaşık 20-25 dakika veya ekmek halkaları altın rengi kahverengi olana kadar pişirin.

i) Fırından çıkarın ve servis yapmadan önce Koulouri Thessalonikis'i tel ızgara üzerinde soğumaya bırakın.

40. Artos

İÇİNDEKİLER:

- 4 su bardağı çok amaçlı un
- 1 ½ çay kaşığı aktif kuru maya
- 1 ½ su bardağı ılık su
- 1 yemek kaşığı şeker
- 1 çay kaşığı tuz
- İsteğe bağlı: dekorasyon için susam veya diğer malzemeler

TALİMATLAR:

a) Küçük bir kapta maya ve şekeri ılık suda eritin. Yaklaşık 5 dakika ya da köpük haline gelinceye kadar bekletin.

b) Büyük bir karıştırma kabında un ve tuzu birleştirin. Ortasını havuz şeklinde açıp maya karışımını dökün.

c) Yumuşak bir hamur oluşuncaya kadar tahta kaşıkla veya ellerinizle karıştırarak yavaş yavaş unu sıvıya ekleyin.

ç) Hamuru unlu bir yüzeye aktarın ve yaklaşık 8-10 dakika veya pürüzsüz ve elastik hale gelinceye kadar yoğurun.

d) Hamuru yağlanmış bir kaba alıp üzerini temiz bir mutfak havlusu ile örtün ve ılık bir yerde yaklaşık 1-2 saat, yani hacmi iki katına çıkana kadar mayalanmaya bırakın.

e) Hamur mayalandıktan sonra hava kabarcıklarının çıkması için hafifçe vurun. Yuvarlak veya oval bir somun şekli verin.

f) Şekillendirilmiş somunu bir fırın tepsisine veya fırın taşına aktarın. İstenirse ekmeğin yüzeyini susam veya başka soslarla süsleyebilirsiniz.

g) Fırınınızı önceden 375°F (190°C) ısıtın. Fırın ön ısıtma yaparken ekmeği dinlenmeye bırakın ve yaklaşık 15-20 dakika tekrar kabarmaya bırakın.

ğ) Ekmeği önceden ısıtılmış fırında yaklaşık 30-35 dakika veya altın rengi kahverengi olana ve altına dokunulduğunda içi boş bir ses çıkana kadar pişirin.

h) Pişirdikten sonra artoları fırından çıkarın ve tel ızgara üzerinde soğumaya bırakın.

41.zea

İÇİNDEKİLER:
- 2 fincan çok amaçlı un
- 1 su bardağı tam buğday unu
- 2 çay kaşığı aktif kuru maya
- 1 çay kaşığı tuz
- 1 ¼ su bardağı ılık su
- 2 yemek kaşığı zeytinyağı
- İsteğe bağlı: Serpmek için susam tohumları veya diğer malzemeler

TALİMATLAR:

a) Küçük bir kapta mayayı yarım bardak ılık suda eritin. Yaklaşık 5 dakika ya da köpük haline gelinceye kadar bekletin.

b) Büyük bir karıştırma kabında çok amaçlı un, tam buğday unu ve tuzu birleştirin.

c) Kuru malzemelerin ortasına bir havuz açın ve maya karışımını, kalan ılık suyu ve zeytinyağını dökün.

ç) Tüylü bir hamur oluşana kadar malzemeleri birlikte karıştırın.

d) Hamuru unlu bir yüzeye aktarın ve yaklaşık 8-10 dakika veya hamur pürüzsüz ve elastik hale gelinceye kadar yoğurun. Yapışmayı önlemek için gerekirse biraz daha un ekleyin.

e) Hamuru yağlanmış bir kaba alıp üzerini temiz bir mutfak havlusu ile örtün ve ılık bir yerde yaklaşık 1-2 saat, yani hacmi iki katına çıkana kadar mayalanmaya bırakın.

f) Fırınınızı 220°C'ye (425°F) önceden ısıtın. Bir fırın tepsisini parşömen kağıdıyla hizalayın.

g) Hamur kabardıktan sonra hava kabarcıklarının çıkması için hafifçe vurun. Hamuru eşit parçalara bölün ve her parçayı uzun, ince ekmek çubukları halinde şekillendirin.

ğ) Ekmek çubuklarını hazırlanan fırın tepsisine aralarında biraz boşluk kalacak şekilde yerleştirin. İsteğe bağlı olarak üzerine susam veya diğer arzu edilen malzemeleri serpebilirsiniz.

h) Ekmek çubuklarını 15-20 dakika daha dinlendirip kabarmaya bırakın.

ı) Ekmek çubuklarını önceden ısıtılmış fırında yaklaşık 15-20 dakika veya dışları altın rengi kahverengi ve çıtır oluncaya kadar pişirin.

i) Zea ekmeği piştikten sonra fırından çıkarın ve tel ızgara üzerinde soğumaya bırakın.

42. Paximathia

İÇİNDEKİLER:
- 4 su bardağı çok amaçlı un
- 1 su bardağı toz şeker
- 1 çay kaşığı kabartma tozu
- ½ çay kaşığı karbonat
- ½ çay kaşığı tuz
- ½ çay kaşığı öğütülmüş tarçın
- 1 su bardağı zeytinyağı
- ½ su bardağı portakal suyu
- 1 portakalın kabuğu rendesi
- ¼ fincan brendi veya uzo (isteğe bağlı)
- Susam tohumları (serpmek için)

TALİMATLAR:
a) Fırınınızı önceden 350°F (175°C)'ye ısıtın ve fırın tepsisini parşömen kağıdıyla kaplayın.

b) Büyük bir karıştırma kabında un, şeker, kabartma tozu, kabartma tozu, tuz ve tarçını iyice birleşene kadar çırpın.

c) Ayrı bir kapta zeytinyağını, portakal suyunu, portakal kabuğu rendesini ve brendi veya uzoyu (kullanılıyorsa) birlikte çırpın.

ç) Islak malzemeleri yavaş yavaş kuru malzemelerin üzerine dökün ve tahta kaşıkla ya da elinizle karıştırın. Bir hamur oluşana kadar karıştırın. Hamur çok kuru geliyorsa, her seferinde bir çorba kaşığı olmak üzere biraz daha portakal suyu ekleyebilirsiniz.

d) Hamuru unlu bir yüzeye aktarın ve pürüzsüz ve iyice birleşene kadar birkaç dakika yoğurun.

e) Hamuru daha küçük porsiyonlara bölün. Her seferinde bir parça alıp, yaklaşık ¼ inç kalınlığında dikdörtgen veya oval bir şekle getirin.

f) Bir bıçak veya pasta kesici kullanarak, açılan hamuru yaklaşık 2-3 inç uzunluğunda ve 1 inç genişliğinde daha küçük parçalar veya şeritler halinde kesin.

g) Kesilen parçaları hazırlanan fırın tepsisine aralarında biraz boşluk kalacak şekilde yerleştirin. Her parçanın üzerine bolca susam serpin.

ğ) Paximathia'yı önceden ısıtılmış fırında yaklaşık 20-25 dakika veya kenarları altın rengi kahverengiye dönene ve gevrekleşene kadar pişirin.

h) Piştikten sonra Paximathia'yı fırından çıkarın ve birkaç dakika fırın tepsisinde soğumasını bekleyin. Daha sonra tamamen soğuması için bunları bir tel rafa aktarın.

ı) Paximathia'yı oda sıcaklığında hava geçirmez bir kapta saklayın.

i) Birkaç hafta taze kalacaklar.

43. Batzina

İÇİNDEKİLER:
- 4 su bardağı çok amaçlı un
- 1 çay kaşığı aktif kuru maya
- 1 çay kaşığı tuz
- 2 yemek kaşığı zeytinyağı
- 1 yemek kaşığı bal
- 1 ¼ su bardağı ılık su

TALİMATLAR:
a) Küçük bir kapta ılık su, bal ve mayayı birleştirin. İyice karıştırın ve maya köpürene kadar yaklaşık 5 dakika bekletin.
b) Büyük bir karıştırma kabında un ve tuzu birleştirin. Ortasını havuz şeklinde açıp zeytinyağı ve maya karışımını dökün.
c) Bir hamur oluşmaya başlayana kadar malzemeleri birlikte karıştırın. Hamuru hafifçe unlanmış bir yüzeye aktarın ve hamur pürüzsüz ve elastik hale gelinceye kadar yaklaşık 8-10 dakika yoğurun.
ç) Hamuru top haline getirin ve yağlanmış bir kaseye koyun. Kaseyi temiz bir mutfak havlusuyla örtün ve hamuru ılık bir yerde yaklaşık 1-2 saat, hacmi iki katına çıkana kadar mayalandırın.
d) Fırınınızı 200°C'ye (400°F) önceden ısıtın. Bir fırın tepsisini parşömen kağıdıyla hizalayın.
e) Hamur yükseldiğinde, hava kabarcıklarını çıkarmak için hamuru aşağı doğru bastırın. Hamuru hazırlanan fırın tepsisine aktarın.
f) Ellerinizi kullanarak hamuru yarım santim kalınlığında yuvarlak bir şekil verecek şekilde düzleştirin.
g) Bir bıçak kullanarak hamurun üst kısmına çapraz veya baklava deseninde çizikler atın.
ğ) Ekmeğin üzerine biraz zeytinyağı gezdirin ve eşit şekilde yayın.
h) Önceden ısıtılmış fırında yaklaşık 25-30 dakika veya ekmeğin üstü altın rengi oluncaya kadar pişirin.
ı) Batzina ekmeği piştikten sonra fırından çıkarın ve tel ızgara üzerinde soğumaya bırakın.

44. Psomi Tou Kyrion

İÇİNDEKİLER:
- 2 su bardağı tam buğday unu
- 1 fincan çok amaçlı un
- ½ su bardağı çavdar unu
- 1 ½ çay kaşığı aktif kuru maya
- 1 ½ çay kaşığı tuz
- 1 ½ su bardağı ılık su
- 2 yemek kaşığı zeytinyağı
- 1 yemek kaşığı bal (isteğe bağlı)
- Toz alma için ilave un

TALİMATLAR:

a) Küçük bir kapta ılık su ve balı (kullanılıyorsa) birleştirin. Balı eritmek için iyice karıştırın, ardından mayayı karışımın üzerine serpin. Maya köpürünceye kadar yaklaşık 5 dakika bekletin.

b) Büyük bir karıştırma kabında tam buğday unu, çok amaçlı un, çavdar unu ve tuzu birleştirin. Ortasını havuz şeklinde açıp zeytinyağı ve maya karışımını dökün.

c) Bir hamur oluşmaya başlayana kadar malzemeleri birlikte karıştırın. Hamuru hafifçe unlanmış bir yüzeye aktarın ve hamur pürüzsüz ve elastik hale gelinceye kadar yaklaşık 10-12 dakika yoğurun.

ç) Hamuru top haline getirin ve yağlanmış bir kaseye koyun. Kaseyi temiz bir mutfak havlusuyla örtün ve hamuru ılık bir yerde yaklaşık 1-2 saat, hacmi iki katına çıkana kadar mayalandırın.

d) Fırınınızı 220°C'ye (425°F) önceden ısıtın. Ön ısıtma için fırına bir fırın taşı veya ters çevrilmiş bir fırın tepsisi yerleştirin.

e) Hamur yükseldiğinde, hava kabarcıklarını çıkarmak için hamuru aşağı doğru bastırın. Hamuru unlanmış bir yüzeye aktarın ve yuvarlak veya oval bir somun şekli verin.

f) Somunu bir fırın tepsisine veya bir parça parşömen kağıdına yerleştirin. Dekoratif kesimler oluşturmak için somunun üst kısmına biraz un serpin ve keskin bir bıçakla çizin.

g) Somunu önceden ısıtılmış fırın taşı veya fırın tepsisine dikkatlice aktarın. Yaklaşık 30-35 dakika veya ekmek altın sarısı bir renk alana ve altına dokunulduğunda içi boş bir ses çıkana kadar pişirin.

ğ) Psomi tou kyrion piştikten sonra fırından çıkarın ve dilimlemeden önce tel ızgara üzerinde soğumasını bekleyin.

45. Kserotigana

İÇİNDEKİLER:
HAMUR İÇİN:
- 4 su bardağı çok amaçlı un
- ½ çay kaşığı kabartma tozu
- ½ çay kaşığı tuz
- ½ su bardağı portakal suyu
- ¼ bardak zeytinyağı
- ¼ bardak beyaz şarap
- 1 yemek kaşığı toz şeker
- 1 çay kaşığı öğütülmüş tarçın

ŞURUP İÇİN:
- 2 bardak bal
- 1 bardak su
- 1 tarçın çubuğu
- 1 portakalın kabuğu rendesi

TALİMATLAR:
a) Büyük bir karıştırma kabında un, kabartma tozu, tuz, şeker ve tarçını birlikte çırpın.
b) Ayrı bir kapta portakal suyu, zeytinyağı ve beyaz şarabı birleştirin.
c) Yumuşak bir hamur oluşuncaya kadar sürekli karıştırarak sıvı karışımı yavaş yavaş kuru malzemelere dökün.
ç) Hamuru hafifçe unlanmış bir yüzeye aktarın ve pürüzsüz ve elastik hale gelinceye kadar yaklaşık 5-7 dakika yoğurun.
d) Hamuru küçük porsiyonlara bölün ve kurumasını önlemek için üzerlerini nemli bir bezle örtün.
e) Hamurun bir kısmını alın ve yaklaşık 1/8 inç kalınlığında ince bir tabaka halinde açın.
f) Haddelenmiş hamuru yaklaşık 1-2 inç genişliğinde ve 6-8 inç uzunluğunda şeritler halinde kesin.
g) Her bir şeridi alın ve gevşek bir düğüm halinde bağlayın, bükülmüş bir şekil oluşturun. Bu işlemi kalan hamur şeritleriyle tekrarlayın.
ğ) Derin, ağır tabanlı bir tencerede kızartmak için bitkisel yağı yaklaşık 350°F (180°C) sıcaklığa ısıtın.

h) Açtığınız hamurdan birkaç parçayı dikkatli bir şekilde kızgın yağa bırakın ve her tarafı altın rengi oluncaya kadar kızartın. Tencereyi aşırı doldurmaktan kaçının; gerekirse bunları gruplar halinde kızartın.

ı) Kızartıldıktan sonra, Xerotigana'yı delikli bir kaşık kullanarak yağdan çıkarın ve fazla yağı boşaltmak için kağıt havluyla kaplı bir tabağa aktarın.

i) Ayrı bir tencerede bal, su, tarçın çubuğu ve portakal kabuğu rendesini birleştirin. Karışımı orta ateşte kaynayana kadar ısıtın. Isıyı azaltın ve yaklaşık 5 dakika kaynamaya bırakın.

j) Tarçın çubuğunu ve portakal kabuğu rendesini şuruptan çıkarın.

k) Şurup hala sıcakken, kızartılmış Xerotigana'yı şuruba batırın ve tamamen kaplayın. Birkaç dakika ıslanmalarına izin verin, ardından soğumaları için bir tel rafa aktarın ve fazla şurubun akmasını sağlayın.

l) Daldırma işlemini kalan Xerotigana ile tekrarlayın ve bunların tamamen bal şurubu ile kaplandığından emin olun.

FRANSIZ EKMEĞİ

46. Baget

İÇİNDEKİLER:

- 1¾ bardak su, oda sıcaklığında, bölünmüş
- 2 çay kaşığı anlık maya, bölünmüş
- 5 su bardağı eksi 1½ yemek kaşığı ekmek unu (veya T55 unu), bölünmüş
- 1 yemek kaşığı koşer tuzu

TALİMATLAR:
ETA FERMENTESİ YAPIN:

a) Orta boy bir kapta yarım bardak suyu bir tutam mayayla karıştırın. 1¼ su bardağı un ve 1 çay kaşığı tuz ekleyin. Tüylü bir hamur bir araya gelinceye kadar karıştırın. Hamuru tezgahınıza çevirin ve iyice birleşene kadar 1 ila 2 dakika yoğurun.

b) Hamuru kaseye geri koyun, bir havluyla örtün ve oda sıcaklığında 2 ila 4 saat bekletin veya gece boyunca buzdolabında bekletin. Boyutu iki katına çıkmalı.

HAMURUN YAPILMASI:

c) Kalan 1¼ bardak suyu ve kalan mayayı ezme fermentesine ekleyin, parmaklarınızı kullanarak hamuru sıvıya bölün. Kalan 3⅔ bardak unu ve kalan 2 çay kaşığı tuzu ekleyin. Tüylü bir hamur oluşana kadar yaklaşık 1 dakika karıştırın.

ç) Hamuru temiz bir tezgahın üzerine açın ve pürüzsüz, esnek ve esnek hale gelinceye kadar 8 ila 10 dakika yoğurun. Elle yoğuruyorsanız daha fazla un ekleme dürtüsüne karşı koyun; hamur, siz çalıştıkça doğal olarak daha az yapışkan hale gelecektir.

d) Gluten gelişiminin uygun olup olmadığını kontrol etmek için hamuru gerin. Çok hızlı yırtılıyorsa ve sert görünüyorsa, pürüzsüz ve esnek hale gelinceye kadar yoğurmaya devam edin.

e) Elle yoğuruyorsanız hamuru kaseye geri koyun. Bir havluyla örtün ve 1 saat veya boyutu iki katına çıkana kadar bekletin.

f) Şekil verin ve pişirin: Tezgahınızı hafifçe unlayın ve hamuru kaseden çıkarmak için plastik bir tezgah kazıyıcı kullanın. Hamuru 4 eşit parçaya (her biri yaklaşık 250 gram) ayırmak için metal bir tezgah kazıyıcı kullanın. Bir havluyla örtün ve 5 ila 10 dakika dinlendirin.

g) Her seferinde bir bölümle çalışarak, hamuru kaba bir dikdörtgen şeklinde hafifçe bastırmak için parmak uçlarınızı kullanın. Üst çeyreği merkeze doğru katlayın, ardından alt çeyreği merkeze doğru katlayın, böylece buluşurlar. Yapıştırmak için dikiş boyunca hafifçe bastırın.

ğ) Bir kütük oluşturmak için hamurun üst yarısını alt yarının üzerine katlayın. Dikişi kapatmak için elinizin topuğunu veya parmak uçlarınızı kullanın. Tezgahınızın hafifçe unlandığından emin olun. Hamur üzerinde çok fazla baskı olmasını istemezsiniz ancak yuvarlanmak yerine kaymasını da istemezsiniz. Hamur kayarsa fazla unu fırçalayın ve ellerinizi hafifçe ıslatın.

h) Hamuru, dikiş yeri altta olacak şekilde yavaşça çevirin ve bir futbol şekli oluşturmak için somunun uçlarını ileri geri sallamak için ellerinizi kullanın. Daha sonra ellerinizi somunun ortasından kenarlara doğru hareket ettirerek 12 ila 14 inç kadar uzatın. Kalan bölümlerle tekrarlayın.

ı) Bir fırın tepsisine keten havlu koyun. Üzerine un serpin ve kenar oluşturmak için bir ucunu katlayın. Bu katın yanına bir baget yerleştirin. Bagetin yükselmesi için özel bir alan oluşturmak için havluyu diğer taraftan katlayın. Yanına başka bir baget koyun ve başka bir kat oluşturun. Kalan bagetlerle aynı işlemi tekrarlayın.

i) Bir havluyla örtün ve 1 saat mayalanmaya bırakın.

j) 30 dakikalık provanın ardından fırını 475°F'ye önceden ısıtın. Orta rafa bir pişirme taşı yerleştirin. Düz bir fırın tepsisini parşömen kağıdıyla kaplayın (fırın tepsisini ters çevirin ve fırın taşı kullanıyorsanız arkadan çalışın).

k) Bagetleri hamuru dürterek kontrol edin. Hafifçe geriye doğru yaylanmalı, bir girinti bırakmalı ve hatmi gibi hissetmelidir.

l) Bagetler pişmeye hazır olduğunda, yavaşça kaldırın ve hazırlanan fırın tepsisine, aralarında 2 inç mesafe olacak şekilde aktarın. Bagetleri aktarırken havasının sönmemesine dikkat edin.

m) Bir topal veya tıraş bıçağını 30 derecelik bir açıyla tutarak, hızlı ama hafif bir şekilde bagetlerin üst kısmına çapraz olarak yaklaşık ¼ inç derinliğinde ve 2 inç aralıklarla beş çizgi çizin. Yapışkan hamurları çıkarmak için somunların arasında bıçağı suya batırın.

n) Fırın tepsisini fırına koyun veya fırın taşı kullanıyorsanız parşömen kağıdını tepsiden fırın taşının üzerine kaydırın.

o) Somunlara toplamda 4 veya 5 kez su serpin ve fırının kapağını kapatın. 3 dakika piştikten sonra tekrar püskürtün ve 3 dakika daha sonra tekrar püskürtün; her seferinde fırın ısısını kaybetmemek için hızlı bir şekilde çalışın.

ö) Somunlar koyu altın rengi kahverengi olana kadar toplam 24 ila 28 dakika pişirin.

p) Somunları kesmeden önce 15 ila 20 dakika boyunca bir soğutma rafına aktarın.

47. Baget Au Levain

İÇİNDEKİLER:
- 1¼ bardak Başlangıç, oda sıcaklığında.
- ¼ bardak Su
- 2 çay kaşığı Zeytinyağı
- 2½ su bardağı Ekmek unu
- ¾ çay kaşığı Tuz
- 1½ yemek kaşığı Şeker
- 2 çay kaşığı Maya

TALİMATLAR:
a) Ekmeğe başlamadan önceki gece marş motorunu buzdolabından çıkarın. Başlatıcıyı besleyin ve yemi sindirirken oda sıcaklığına gelmesini bekleyin. Malzemeleri belirtilen sıraya göre tavaya koyun. Hamur için ayarlayın, başlat tuşuna basın.

b) Döngü tamamlandığında hamuru çıkarın, gazlarını sıkın, bir kaseye koyun, nemli bir kurulama beziyle örtün ve 30 dakika dinlendirin.

c) Tezgahın üzerine mısır unu serpin, hamuru 2 ince silindir halinde şekillendirin, somunları baget tavasına yerleştirin, üzerini bir kurulama beziyle örtün ve buzdolabında 12 ila 24 saat mayalanmaya bırakın.

ç) Buzdolabından çıkarın, üzerine su serpin ve tamamen kabarıncaya kadar bekletin. Tekrar su serpin ve geleneksel fırında 375 F'de 30 dakika veya kahverengi ve kabuklu olana kadar pişirin. Gerçekten çıtır ekmek için, pişirme sırasında her 5 dakikada bir su püskürtün!

48. Ağrı d'Épi

İÇİNDEKİLER:
- 1¾ bardak su, oda sıcaklığında, bölünmüş
- 2 çay kaşığı anlık maya, bölünmüş
- 5 su bardağı eksi 1½ yemek kaşığı ekmek unu (veya T55 unu), bölünmüş
- 1 yemek kaşığı koşer tuzu

TALİMATLAR:
a) Ezme fermente yapın: Orta boy bir kapta ½ bardak suyu bir tutam mayayla karıştırın. 1¼ su bardağı un ve 1 çay kaşığı tuz ekleyin. Tüylü bir hamur bir araya gelinceye kadar karıştırın. Hamuru tezgahınıza çevirin ve iyice birleşene kadar 1 ila 2 dakika yoğurun. Karışım yapışkan olacaktır. Hamuru kaseye geri koyun, bir havluyla örtün ve oda sıcaklığında 2 ila 4 saat bekletin veya gece boyunca buzdolabında bekletin. Boyutu iki katına çıkmalı.

b) Hamuru hazırlayın: Kalan 1¼ bardak suyu ve kalan mayayı ezme fermentesine ekleyin, parmaklarınızı kullanarak hamuru sıvıya bölün. Kalan 3⅔ bardak unu ve kalan 2 çay kaşığı tuzu ekleyin ve yaklaşık 1 dakika tüylü bir hamur oluşana kadar karıştırın.

c) Hamuru temiz bir tezgahın üzerine çevirin ve pürüzsüz, esnek ve esnek hale gelinceye kadar 8 ila 10 dakika yoğurun (veya bir stand mikserine aktarın ve düşük hızda 6 ila 8 dakika yoğurun). Elle yoğuruyorsanız daha fazla un ekleme dürtüsüne karşı koyun; hamur, siz çalıştıkça doğal olarak daha az yapışkan hale gelecektir.

ç) Gluten gelişiminin uygun olup olmadığını kontrol etmek için hamuru gerin. Çok hızlı yırtılıyorsa ve sert görünüyorsa, pürüzsüz ve esnek hale gelinceye kadar yoğurmaya devam edin.

d) Elle yoğuruyorsanız hamuru kaseye geri koyun. Bir havluyla örtün ve 1 saat veya boyutu iki katına çıkana kadar bekletin.

e) Tezgahınızı hafifçe unlayın ve hamuru kaseden çıkarmak için plastik bir tezgah kazıyıcı kullanın. Hamuru 4 eşit parçaya (her biri yaklaşık 250 gram) ayırmak için metal bir tezgah kazıyıcı kullanın. Bir havluyla örtün ve 5 ila 10 dakika dinlendirin.

f) Her seferinde bir bölümle çalışarak, hamuru kaba bir dikdörtgen şeklinde hafifçe bastırmak için parmak uçlarınızı kullanın. Üst çeyreği merkeze doğru katlayın, ardından alt çeyreği merkeze doğru katlayın, böylece buluşurlar.

g) Yapıştırmak için dikiş boyunca hafifçe bastırın. Bir kütük oluşturmak için hamurun üst yarısını alt yarının üzerine katlayın. Dikişi kapatmak için elinizin topuğunu veya parmak uçlarınızı kullanın.

ğ) Hamuru, dikiş yeri altta olacak şekilde yavaşça çevirin ve bir futbol şekli oluşturmak için somunun uçlarını ileri geri sallamak için ellerinizi kullanın. Daha sonra ellerinizi somunun ortasından kenarlara doğru hareket ettirerek 12 ila 14 inç kadar uzatın. Kalan bölümlerle tekrarlayın.

h) İki fırın tepsisini parşömen kağıdıyla hizalayın. Hazırlanan her fırın tepsisine iki somunu 4 ila 5 inç aralıklarla yavaşça aktarın.

ı) Makası 45 derecelik bir açıyla tutarak, ucundan yaklaşık 2 inç uzakta bir baget halinde kesin (tek bir kaydırmada somunun neredeyse tamamını keserek makasın uçlarının hamurun ucundan yalnızca yaklaşık ⅛ inç uzakta olmasını sağlayın). Parçayı hemen ama yavaşça sağ tarafa yatırın. Somun boyunca yaklaşık 2 inçlik ikinci bir kesim yapın ve hamur parçasını sola yatırın. Bütün somunu kesene kadar hamuru hareket ettirdiğiniz tarafı değiştirerek tekrarlayın.

i) Havluyla örtün ve 1 saat veya hatmi kıvamına gelinceye kadar prova için bir kenara koyun. Hamuru delerseniz, biraz geriye doğru yaylanarak bir girinti bırakması gerekir. 30 dakikalık provanın ardından fırını 475°F'ye önceden ısıtın.

j) Somunlar pişmeye hazır olduğunda fırın tepsilerini fırına koyun. Somunlara toplamda 4 veya 5 kez su serpip kapağını kapatın. Fırın ısısını kaybetmemek için hızlı bir şekilde çalışarak 3 dakika piştikten sonra tekrar püskürtün ve 3 dakika daha sonra tekrar püskürtün. Toplamda 24 ila 28 dakika pişirin, eşit bir kızarma için tepsilerin konumunu pişirme işleminin yarısına kadar döndürerek, somunlar derin bir altın rengi kahverengi olana kadar pişirin.

k) Servis yapmadan önce somunları 10 ila 15 dakika boyunca soğutma rafına aktarın.

49. Pain d'Épi Aux Herbes

İÇİNDEKİLER:
- 1¼ bardak ılık su, bölünmüş
- 0,63 onsluk paket Anında Ekşi Maya Mayası
- 4 su bardağı ekmek unu, bölünmüş
- 2¾ çay kaşığı koşer tuzu
- 1 çay kaşığı sarımsak tozu
- 1 çay kaşığı doğranmış taze biberiye
- 1 çay kaşığı doğranmış taze adaçayı
- 1 çay kaşığı doğranmış taze kekik
- ½ çay kaşığı öğütülmüş karabiber
- 1½ su bardağı kaynar su
- Servis etmek için otlu zeytinyağı

TALİMATLAR:

a) Kürek aparatı takılı bir stand mikserin kasesinde, ¾ bardak (180 gram) ılık su ve Hazır Ekşi Maya Mayasını çözünene kadar elle çırpın. 1⅓ su bardağı (169 gram) un ekleyin ve birleşene kadar düşük hızda yaklaşık 30 saniye çırpın. Üzerini örtün ve sıcak, hava akımı olmayan bir yerde, boyutu iki katına çıkana kadar 30 ila 45 dakika kadar mayalanmaya bırakın.

b) Maya karışımına tuz, sarımsak tozu, biberiye, adaçayı, kekik, karabiber, kalan 2⅔ bardak (339 gram) un ve kalan ½ bardak (120 gram) ılık suyu ekleyin ve düşük hızda hamur bir araya gelinceye kadar (yaklaşık 30 dakika) çırpın. saniye. Hamur kancası eklentisine geçin. Düşük hızda 2 dakika çırpın.

c) Geniş bir kaseyi hafifçe yağlayın. Hamuru kaseye yerleştirin, üstünü yağlamak için çevirin. Üzerini örtün ve pürüzsüz ve elastik oluncaya kadar sıcak, hava akımı olmayan bir yerde, her 30 dakikada bir çevirerek yaklaşık ½ saat bekletin.

ç) Hamuru çok hafif unlanmış bir yüzeyde açın ve ikiye bölün. Bir yarısını 9x4 inçlik bir dikdörtgene hafifçe vurun; bir kısa kenarı ortadaki üçte birlik kısmın üzerine katlayın, kapatmak için sıkıştırın. Kalan üçüncüyü katlanmış kısmın üzerine katlayın, kapatmak için sıkıştırın. Hamuru, dikiş tarafı aşağı gelecek şekilde çevirin. Örtün ve 20 dakika bekletin. Hamurun kalan yarısı ile aynı işlemi tekrarlayın.

d) Kenarlı bir fırın tepsisini parşömen kâğıdıyla hizalayın ve fazlalığın tavanın kenarlarına hafifçe uzanmasını sağlayın. Un ile yoğun bir şekilde tozlayın.

e) Her bageti, bir uzun tarafı size en yakın olan 8x6 inçlik bir dikdörtgene hafifçe vurun. Hamurun üst üçte birini merkeze doğru katlayın, mühürlemek için bastırın. Kapatmak için bastırarak alt üçte birini katlanmış kısmın üzerine katlayın. Uzun kenarları buluşacak şekilde hamuru uzunlamasına ikiye katlayın. Elinizin topuğunu kullanarak kenarları sıkıca bastırarak kapatın. Uçları hafifçe sivrilen, eşit kalınlıkta 15 ila 16 inçlik bir kütük halinde yuvarlayın.

f) 1 kütüğü hazırlanan tavaya, dikiş tarafı aşağı gelecek şekilde, tavanın uzun bir kenarına yaslayacak şekilde yerleştirin. Kütüğün karşı tarafında bir duvar oluşturmak için parşömeni yukarı çekin ve katlayın. Parşömen duvarın diğer tarafında kalan kütük, dikiş tarafı aşağı bakacak şekilde. İkinci kütüğün karşı tarafında bir duvar oluşturacak şekilde parşömenle çekme ve katlama işlemini tekrarlayın ve parşömenin kaymasını önlemek için bir mutfak havlusu ile ağırlığını azaltın. Üzerini örtün ve ılık, hava akımı olmayan bir yerde hafifçe kabarıncaya kadar 45 ila 50 dakika kadar mayalanmaya bırakın.

g) Fırının alt rafına büyük bir dökme demir tava ve orta rafa kenarlı bir fırın tepsisi yerleştirin. Fırını 475°F'ye önceden ısıtın.

ğ) Hamur kütüklerini dikkatlice bir parşömen kağıdına aktarın; üstlerine un serpin. Mutfak makası kullanarak, 1 kütüğün ucundan yaklaşık 1½ inç uzakta, 45 derecelik hızlı, temiz bir kesim yapın ve yolun yaklaşık dörtte üçünü kesin.

h) Hamur parçasını yavaşça bir tarafa çevirin. İlkinden 1½ inç ikinci bir kesim yapın ve hamur parçasını yavaşça karşı tarafa çevirin. Buğday sapı şekli oluşturarak kütüğün sonuna ulaşana kadar tekrarlayın. İşlemi kalan günlükle tekrarlayın.

ı) Önceden ısıtılmış tavayı fırından çıkarın. Hamurlu parşömeni dikkatlice tavaya yerleştirin ve fırına geri dönün. Önceden ısıtılmış tavaya 1½ bardak kaynar suyu dikkatlice dökün. Derhal fırın kapağını kapatın.

i) Altın kahverengi olana ve anında okunan bir termometre orta kayıtlara 205°F (96°C) yerleştirilene kadar, yaklaşık 15 dakika pişirin. Tel raf üzerindeki tavada soğumaya bırakın.

j) Otlu zeytinyağı ile servis yapın.

50.Fouee

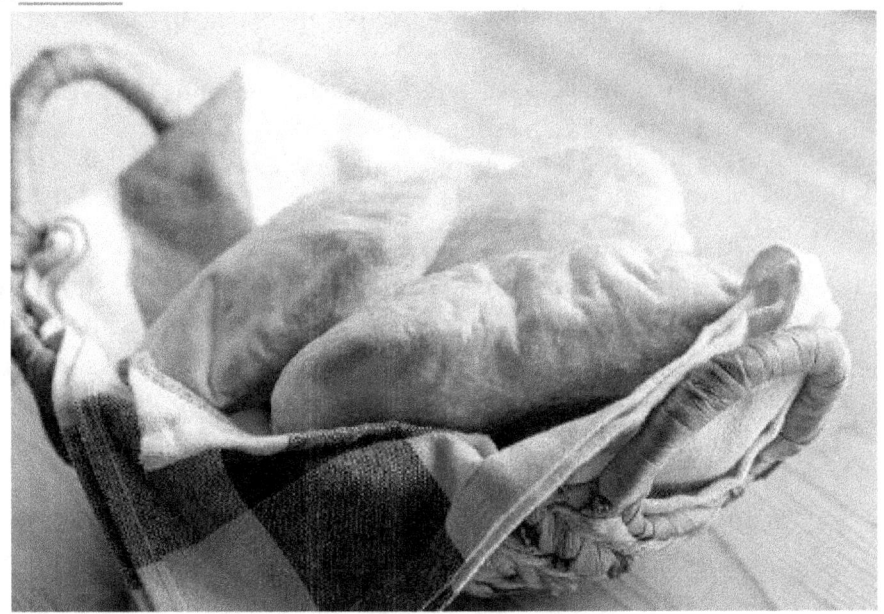

İÇİNDEKİLER:

- 1½ su bardağı oda sıcaklığında su
- 2 çay kaşığı anlık maya
- 5 su bardağı eksi 1½ yemek kaşığı çok amaçlı un (veya T55 unu)
- 1 yemek kaşığı koşer tuzu
- Fırın tepsisini yağlamak için sıvı yağ

TALİMATLAR:

a) Hamurun hazırlanışı: Bir kapta su ve mayayı birleştirin, ardından un ve tuzu ekleyip karıştırın. İyice birleşip pürüzsüz hale gelinceye kadar 6 ila 8 dakika (veya düşük hızda bir stand mikserinde 4 ila 6 dakika) elle yoğurun. Mikserde çalışıyorsanız hamuru biraz ağır olduğu için elle bitirmeniz gerekebilir. Bir havlu veya plastik ambalajla örtün ve 1 saat veya boyutu iki katına çıkana kadar bekletin. Bu mutfağınızın sıcaklığına göre değişecektir.

b) Şekil verin ve pişirin: Tezgahınızı hafifçe unlayın ve hamuru kaseden çıkarmak için plastik bir tezgah kazıyıcı kullanın. Her biri yaklaşık 115 gram olan 8 eşit parçaya bölmek için metal bir tezgah kazıyıcı kullanın.

c) Parmak uçlarınızı kullanarak, hamurun bir parçasının kenarlarını içeri doğru çekin, tüm kenarlar ortaya katlanana kadar hamurun etrafında saat yönünde çalışın.

ç) Yapışması için hafifçe sıkıştırın. Hamurun kıvrımlarının merkezde buluştuğunu ve bir dikiş oluşturduğunu görmelisiniz. (Hamuru yoğurmamaya veya çok agresif bir şekilde söndürmemeye dikkat edin.)

d) Her turu ters çevirin. Her iki elinizi tabanın etrafından tutun ve masanın tutuşunu kullanarak, dikişi sıkmak için yuvarlaklığı kendinize doğru çekin, ilerledikçe döndürün. Kalan turlarla tekrarlayın. Bir havluyla örtün ve 5 ila 10 dakika dinlendirin.

e) 4 mermiyi küçük bir tabağa aktarın, havlu veya plastik ambalajla örtün ve buzdolabına aktarın. Kalan turları örtün ve 5 ila 10 dakika dinlendirin.

f) Fırını önceden 475°F'ye ısıtın. Fırının orta rafına bir fırın taşı veya yağlı ağır bir fırın tepsisi koyun.

g) Tezgahınıza un serpin ve soğutulmamış 4 hamur turunu ¼ inç kalınlığında daireler halinde yuvarlayın. Kalınlık konusunda kesin olun: Çok kalın hamur kabarmaz, çok ince olanlar ise kraker haline gelir. Eğer hamur yuvarlarken küçülüyorsa üzerini örtün, 10 dakika daha dinlendirip tekrar deneyin.

ğ) 15 ila 20 dakika veya hafifçe kabarıncaya kadar, açıkta kalan kanıt. Bu arada, buzdolabındaki 4 turtayı açın.

h) İlk 4 parçayı hızlı ve nazikçe fırın taşı veya fırın tepsisine, aralarında en az 2 inç mesafe olacak şekilde yerleştirin. 8 ila 10 dakika, kabarıncaya ve noktalar halinde hafif altın rengi kahverengi olana kadar pişirin.

ı) Fırından çıkarın, bir soğutma rafına koyun ve kalan parçaları hafifçe şişirilip 15 ila 20 dakika dinlendirildiğinde pişirin.

i) Bölmeden ve doldurmadan önce 5 ila 10 dakika soğutun.

51. Fougasse

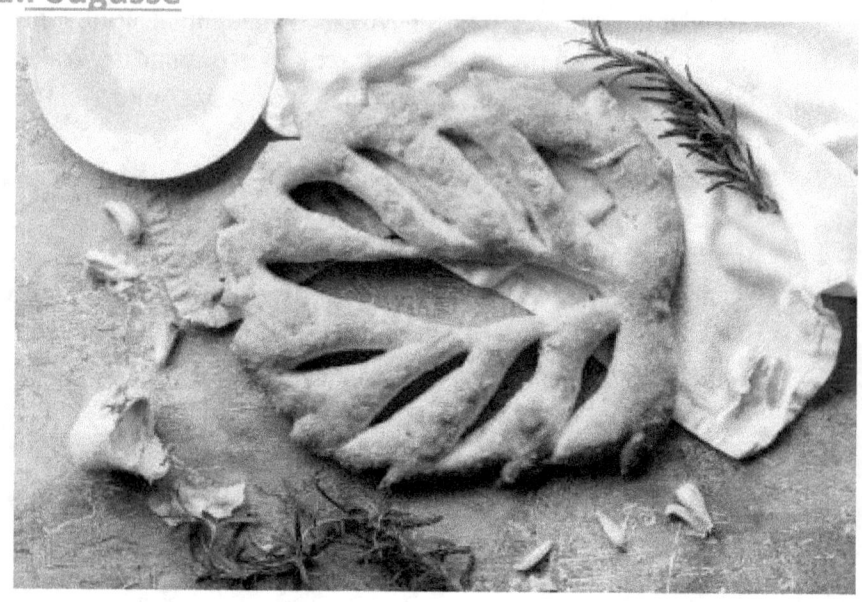

İÇİNDEKİLER:

- 1¾ bardak su, oda sıcaklığında, bölünmüş
- 2 çay kaşığı anlık maya, bölünmüş
- 5 su bardağı eksi 1½ yemek kaşığı ekmek unu (veya T55 unu), bölünmüş
- 2 yemek kaşığı zeytinyağı ve üzerine sürmek için daha fazlası
- 1 yemek kaşığı koşer tuzu ve üzerine serpmek için daha fazlası

TALİMATLAR:

a) Ezme fermente hazırlayın: Bir kasede ½ bardak suyu bir tutam mayayla karıştırın. 1¼ su bardağı un ve 1 çay kaşığı tuz ekleyin. Tüylü bir hamur bir araya gelinceye kadar karıştırın. Hamuru tezgahınıza çevirin ve iyice birleşene kadar 1 ila 2 dakika yoğurun. Karışım yapışkan olacaktır. Hamuru kaseye geri koyun, bir havluyla örtün ve oda sıcaklığında 2 ila 4 saat bekletin veya gece boyunca buzdolabında bekletin. Boyutu iki katına çıkmalı.

b) Hamuru hazırlayın: Kalan 1¼ bardak suyu ve kalan mayayı ezme fermentesine ekleyin, parmaklarınızı kullanarak hamuru sıvıya bölün. Kalan 3⅔ bardak unu, yağı ve kalan 2 çay kaşığı tuzu ekleyin ve tüylü bir hamur oluşana kadar yaklaşık 1 dakika karıştırın.

c) Hamuru temiz bir tezgahın üzerine açın ve pürüzsüz, esnek ve esnek hale gelinceye kadar 8 ila 10 dakika yoğurun. Elle yoğuruyorsanız daha fazla un ekleme dürtüsüne karşı koyun; hamur, siz çalıştıkça doğal olarak daha az yapışkan hale gelecektir.

ç) Gluten gelişiminin uygun olup olmadığını kontrol etmek için hamuru gerin. Çok hızlı yırtılıyorsa ve sert görünüyorsa, pürüzsüz ve esnek hale gelinceye kadar yoğurmaya devam edin.

d) Elle yoğuruyorsanız hamuru kaseye geri koyun. Bir havluyla örtün ve 1 saat veya boyutu iki katına çıkana kadar bekletin.

e) Şekil verin ve pişirin: Tezgahınızı hafifçe unlayın ve hamuru kaseden çıkarmak için plastik bir tezgah kazıyıcı kullanın. Hamuru 4 eşit parçaya (her biri yaklaşık 250 gram) ayırmak için metal bir tezgah kazıyıcı kullanın. Bir havluyla örtün ve 5 ila 10 dakika dinlendirin. İki fırın tepsisini parşömen kağıdıyla hizalayın.

f) Topları unla tozlayın ve her birini, önce parmak uçlarınızı ve ardından istenirse bir oklava kullanarak, ¼ inçten biraz daha kalın bir kaba oval haline getirin.

g) Hamurun üzerinde dekoratif çizgiler kesmek için 45 derecelik açıyla tutulan bir soyma bıçağı kullanın. Hamurun tamamını kestiğinizden ve kesimleri en az ½ inç aralıklarla ayırdığınızdan emin olun.

ğ) Hazırlanan her bir fırın tepsisine iki somunu yavaşça aktarın ve aralarında birkaç inç boşluk bırakın. Pişirme sırasında kesiklerin açık kalmasını sağlamak için yavaşça gerin.

h) Somunları havluyla örtün ve 30 ila 45 dakika veya marshmallow kıvamına gelinceye kadar mayalanmaya bırakın. Hamuru delerseniz, biraz geriye doğru yaylanarak bir girinti bırakması gerekir. 15 dakikalık provanın ardından fırını 475°F'ye önceden ısıtın.

ı) Somunlar pişmeye hazır olduğunda fırın tepsilerini fırına koyun. Somunlara 4 veya 5 kez su serpin ve kapıyı kapatın.

i) Fırın ısısını kaybetmemek için hızlı bir şekilde çalışarak 3 dakika piştikten sonra tekrar püskürtün ve 3 dakika daha sonra tekrar püskürtün. Somunlar derin bir altın kahverengi olana kadar toplam 18 ila 20 dakika pişirin, eşit kızarma için tepsilerin konumunu pişirme işleminin yarısına kadar çevirin.

j) Tepsileri fırından alıp biraz soğumaya bırakın.

k) Servis yapmadan önce üzerine zeytinyağı gezdirin ve tuz serpin.

52. Fougasse à l'Ail

İÇİNDEKİLER:

- 2 su bardağı Ekmek unu
- 1 büyük yemek kaşığı maya
- 1½ su bardağı ılık su
- Süslemek için deniz tuzu
- 1½ kilogram Un
- 1½ yemek kaşığı Tuz
- 100 ml Zeytinyağı
- 1 yemek kaşığı Maya
- 1 yemek kaşığı kıyılmış taze sarımsak
- 1 su bardağı ılık su; (yaklaşık)

TALİMATLAR:

a) Başlangıç malzemesini hazırlamak için un, maya ve suyu, karışım yarı koyu bir hamur kıvamına gelinceye kadar karıştırın. Hoş, olgun tatlar geliştirmek için 3 güne kadar reaktif olmayan bir kapta kapalı olarak mayalanmaya bırakın.

b) Maya, un, tuz, maya, sarımsak ve yağın yarısını yaklaşık 1 su bardağı ılık suyla karıştırarak yumuşak bir hamur elde edin.

c) Hamur ipeksi pürüzsüz bir kıvama gelinceye kadar unlu bir yüzeyde yoğurun, ele yapışmayacak kıvama gelinceye kadar gerektiği kadar un ekleyin.

ç) Hamuru yağlanmış bir kapta iki katına çıkana kadar yaklaşık 2 saat kadar kabarmaya bırakın.

d) Hamuru 6 veya 8 parçaya bölün ve yaklaşık 2 cm'lik oval şekiller verin. kalın. Keskin bir bıçakla hamura çapraz kesikler yapın ve ardından delikleri açmak için yavaşça gerin. Seçtiğiniz aromalı yağı fırçayla sürün ve üzerine deniz tuzu serpin.

e) 20 dakika kadar kabarmasını bekleyip 225 derecede pişirin. 15-20 dakika, pişirme sırasında iki kez su püskürtülerek.

f) Fırından çıkarın ve bir kez daha zeytinyağıyla fırçalayın.

53. Fougasse Au Romarin

İÇİNDEKİLER:
- ½ Adet Çıtır Ekmek
- 3 yemek kaşığı Taze biberiye, doğranmış

TALİMATLAR:

a) Hamuru karıştırın.

b) Hamur 1½ ila 2 saat boyunca ilk kabarmasını aldıktan sonra fougasse şeklinde şekillendirilebilir. Hamuru hafifçe unlanmış bir yüzeye yerleştirin ve uzun, dar bir dikdörtgen şeklinde açın. Kenarlarını da kapatmaya dikkat ederek hamurun yüzeyine bir kat doğranmış biberiye serpin.

c) Hamuru bir iş mektubu gibi üçe katlayın, üstteki üçte birlik kısmı hamurun ortasına, daha sonra alttaki üçte birlik kısım bunun üzerine, ikisinin tamamen üst üste gelmesine izin verin. Fougasse'nin 3 açık tarafını bastırarak sıkıca kapatın.

ç) Ekmeği plastik ambalajla iyice örtün ve hacim olarak iki katına çıkana kadar yaklaşık 1 ila 2 saat mayalanmaya bırakın.

d) Pişirmeden otuz dakika önce fırını önceden 475 derece F'ye ısıtın. Ön ısıtma için fırına bir pişirme taşı yerleştirin ve taşın hemen altına bir fırın rafı yerleştirin.

e) Kabuğu soyulmuş veya ters çevrilmiş bir fırın tepsisine cömertçe mısır unu serpin ve fougasse'yi üstüne yerleştirin, hafifçe uzatarak kare haline getirin.

f) Hamur kesiciyle hamura yaprak veya merdiven gibi dekoratif bir desen kesin. Kesikler büyük açıklıklar oluşturana kadar somunu yayın ve gerin.

g) Fougasse'nin kabuğundan ayrıldığından emin olun ve ardından dikkatlice pişirme taşının üzerine kaydırın. Bir bitki püskürtücü kullanarak ekmeği 8 ila 10 kez hızla suyla ıslatın, ardından fırının kapağını hızla kapatın. 1 dakika sonra tekrar buğulayın. Daha sonra 1 dakika sonra tekrar buğulayın.

ğ) Yaklaşık 10 dakika pişirin, ardından sıcaklığı 450 dereceye düşürün ve 15 dakika daha uzun süre pişirin veya alt kısmına dokunulduğunda somunun içi boş bir ses çıkarana ve kabuk orta ila koyu kahverengi olana kadar pişirin.

h) Ekmeği servis yapmadan önce en az 30 dakika soğuması için bir rafa aktarın.

54. Ağrı De Campagne

İÇİNDEKİLER:
- ¼ fincan Ekşi Maya Başlatıcı veya fermente ezme (burada)
- 1¼ su bardağı oda sıcaklığında su
- 2¾ bardak artı 1 yemek kaşığı ekmek unu (veya T55 unu)
- ⅔ bardak çavdar unu (veya T170 unu)
- 1 yemek kaşığı koşer tuzu

TALİMATLAR:

a) Hamuru hazırlayın: Orta boy bir kapta ekşi mayalı mayayı, suyu, ekmek ununu ve çavdar ununu karıştırın. Tuzu ekleyin ve tüylü bir hamur bir araya gelinceye kadar karıştırın.

b) Hamuru temiz bir tezgahın üzerine çevirin ve pürüzsüz, esnek ve esnek hale gelinceye kadar 8 ila 10 dakika yoğurun. Elle yoğuruyorsanız daha fazla un ekleme dürtüsüne karşı koyun; hamur, siz çalıştıkça doğal olarak daha az yapışkan hale gelecektir.

c) Gluten gelişiminin uygun olup olmadığını kontrol etmek için hamuru gerin. Çok çabuk yırtılırsa ve pürüzlü bir doku hissederseniz, pürüzsüz ve esnek bir doku elde edene kadar yoğurmaya devam edin.

ç) Elle yoğuruyorsanız hamuru kaseye geri koyun. Bir havluyla örtün ve 1 ila 3 saat veya boyutu iki katına çıkana kadar bir kenara koyun.

d) Havluyla kaplı bir banneton veya kaseyi unlayın. Tezgahınızı hafifçe unlayın ve hamuru kaseden çıkarmak için plastik bir tezgah kazıyıcı kullanın.

e) Parmak uçlarınızı kullanarak hamurun kenarlarını içeri doğru çekin, tüm kenarlar ortaya katlanana kadar hamurun etrafında saat yönünde çalışın. Yapışması için hafifçe sıkıştırın. Hamurun kıvrımlarının merkezde buluştuğunu ve bir dikiş oluşturduğunu görmelisiniz. Hamuru ters çevirin.

f) Hamurun pürüzsüz üst kısmını unlayın ve yuvarlak kısmı, ek yeri yukarı bakacak şekilde hazırlanan sepete yerleştirin. Halkalı desenli bir somun için, hamuru içine yerleştirmeden önce astarı kabartma sepetinden çıkarın ve unlayın.

g) Bir havluyla örtün ve dokusu hafifleyene ve hacmi iki katına çıkana kadar 1 ila 1½ saat boyunca mayalanmaya bırakın. Hamuru delerseniz, biraz geriye doğru yaylanarak bir girinti bırakması gerekir.

ğ) 30 dakikalık provadan sonra, fırın ısındıkça ısınmak için fırını bir fırın taşı, fırın tepsisi veya Hollandalı fırın (kapağıyla birlikte) ile önceden 475° F'ye ısıtın.

h) Somun pişmeye hazır olduğunda, yavaşça 10 ila 12 inç kare parşömen kağıdına çevirin. Bir topayı 90 derecede tutun ve hızlı, hafif hareketler kullanarak somunun ortasına ¼ inç derinliğinde büyük bir X çizin.

ı) Bir fırın tepsisi kullanıyorsanız, prova edilmiş somunu parşömen kağıdıyla kaplı bir fırın tepsisine çevirin ve önceden ısıtılmış fırına yerleştirin. Bir fırın taşı kullanıyorsanız, üzerinde somun bulunan parşömen kağıdını bir fırın tepsisinin arkasına, ardından fırın tepsisinden fırında ısıtılmış pişirme taşının üzerine kaydırın.

i) Fırın sıcaklığını 450°F'ye düşürün, somuna 4 veya 5 kez su serpin ve kapıyı kapatın. 3 dakika piştikten sonra tekrar püskürtün, ardından 3 dakika daha sonra tekrar püskürtün; her seferinde fırın ısısını kaybetmemek için hızlı bir şekilde çalışın.

j) Kabuk derin bir altın rengi kahverengi olana ve somunun ortasına yerleştirilen bir sıcaklık probu yaklaşık 205°F'yi kaydedene kadar toplamda 25 ila 30 dakika pişirin. Somunu fırından çıkarıp soğutma rafına kaydırmak için parşömen kağıdını kullanın.

k) Hollandalı fırın veya kokot kullanılıyorsa: Tencereyi fırından çıkarın, kapağını açın ve parşömen kağıdını kullanarak somunu indirin.

l) Kapağını kapatıp 20 dakika pişirin, ardından kapağı çıkarın ve somun koyu altın rengi kahverengi olana kadar 10 ila 15 dakika daha pişirin. Somunu tencereden soğutma rafına kaldırmak için parşömen kağıdının kenarlarını askı gibi kullanın. (Kapalı kap somunun kendi kendine buharlaşmasına izin verdiğinden, Hollanda fırınında veya kokotta yapılan somunlara spritz uygulamak gereksizdir.)

m) Dilimlemeden önce somunu 15 ila 20 dakika bekletin.

55. Boule De Ağrı

İÇİNDEKİLER:

- 1½ bardak su, oda sıcaklığında, bölünmüş
- 2 çay kaşığı anlık maya, bölünmüş
- 3¾ su bardağı ekmek unu (veya T55 unu), bölünmüş
- ¼ bardak tam buğday unu (veya T150 unu)
- 1 yemek kaşığı koşer tuzu

TALİMATLAR:
BİR HAVUZ YAPIN:
a) Bir kapta ¾ bardak artı 2 yemek kaşığı suyu bir tutam mayayla karıştırın. 1¾ bardak ekmek unu ekleyin. Pürüzsüz bir macun oluşuncaya kadar karıştırın. Bir havluyla örtün ve oda sıcaklığında 2 ila 4 saat bekletin veya gece boyunca buzdolabında bekletin. Boyutu iki katına çıkmalı.

HAMURUN YAPILMASI:
b) Kalan ⅔ bardak suyu ve kalan mayayı havuza ekleyin, parmaklarınızı kullanarak hamuru sıvıya bölün. Geriye kalan 2 su bardağı ekmek ununu, tam buğday ununu ve tuzu ekleyin ve yumuşak bir hamur oluşana kadar yaklaşık 1 dakika karıştırın. Hamuru temiz bir tezgahın üzerine açın ve pürüzsüz, esnek ve esnek hale gelinceye kadar 8 ila 10 dakika yoğurun. Elle yoğuruyorsanız daha fazla un ekleme dürtüsüne karşı koyun; hamur, siz çalıştıkça doğal olarak daha az yapışkan hale gelecektir.

c) Gluten gelişiminin uygun olup olmadığını kontrol etmek için hamuru gerin. Çok hızlı yırtılıyorsa ve sert görünüyorsa, pürüzsüz ve esnek hale gelinceye kadar yoğurmaya devam edin.

ç) Elle yoğuruyorsanız hamuru kaseye geri koyun. Bir havluyla örtün ve 1 saat veya boyutu iki katına çıkana kadar bekletin.

d) Şekil verin ve pişirin: Banneton şekillendirme sepetini veya havluyla kaplı bir kaseyi unlayın. Tezgahınızı hafifçe unlayın ve hamuru kaseden çıkarmak için plastik bir tezgah kazıyıcı kullanın.

e) Parmak uçlarınızı kullanarak hamurun kenarlarını içeri doğru çekin, tüm kenarlar ortaya katlanana kadar hamurun etrafında saat yönünde çalışın. Yapışması için hafifçe sıkıştırın. Hamurun kıvrımlarının merkezde buluştuğunu ve bir dikiş oluşturduğunu görmelisiniz.

f) Hamuru ters çevirin. Her iki elinizi tabanın etrafından tutun ve masanın tutuşunu kullanarak, dikişi sıkmak için yuvarlaklığı kendinize doğru çekin, ilerledikçe döndürün. Pürüzsüz üst kısmı unlayın ve yuvarlak kısmı, dikiş tarafı yukarı bakacak şekilde hazırlanan sepete veya kaseye yerleştirin.
g) Bir havluyla örtün ve dokusu hafifleyene ve hacmi iki katına çıkana kadar 1 ila 1½ saat boyunca kabarması için bir kenara koyun. Hamuru delerseniz, biraz geriye doğru yaylanarak bir girinti bırakması gerekir. 30 dakikalık provanın ardından,
ğ) Fırın ısındıkça ısınmak için fırını içinde bir fırın taşı, fırın tepsisi veya Hollanda fırını olacak şekilde 475° F'ye önceden ısıtın.
h) Somun pişmeye hazır olduğunda, yavaşça 10 ila 12 inç kare parşömen kağıdına çevirin. Hızlı, hafif hareketler kullanarak dekoratif bir şekilde puan vermek için bir topal veya ustura kullanın.
ı) Islatılmış somunu parşömen kağıdına bir fırın tepsisine kaydırın ve önceden ısıtılmış fırına koyun. Bir fırın taşı kullanıyorsanız, üzerinde somun bulunan parşömen kağıdını bir fırın tepsisinin arkasına, ardından fırın tepsisinden fırında ısıtılmış pişirme taşının üzerine kaydırın. (Hollanda fırını kullanıyorsanız 12. adıma geçin.)
i) Fırın sıcaklığını 450°F'ye düşürün, somuna 4 veya 5 kez su serpin ve kapıyı kapatın. 3 dakika piştikten sonra tekrar püskürtün ve 3 dakika daha sonra tekrar püskürtün; her seferinde fırın ısısını kaybetmemek için hızlı bir şekilde çalışın. Kabuk derin bir altın rengi kahverengi olana ve somunun ortasına yerleştirilen bir sıcaklık probu yaklaşık 200°F'yi kaydedene kadar toplamda 25 ila 30 dakika pişirin. (Sıcaklığı kontrol etmek için probu somunun üst kısmı yerine yan tarafına yerleştirmeyi seviyorum, böylece delik göze çarpmaz.) Somunu bir soğutma rafına kaydırın.
j) Hollandalı bir fırın kullanıyorsanız, tencereyi fırından çıkarın, kapağını açın ve parşömen kağıdını kullanarak somunu içeriye indirin. Kapağını kapatıp 20 dakika pişirin, ardından kapağı çıkarın ve somun koyu altın rengi kahverengi olana ve sıcaklık yaklaşık 200°F'ye ulaşana kadar 10 ila 15 dakika daha pişirin. Somunu tencereden soğutma rafına kaldırmak için parşömen kağıdının kenarlarını askı gibi kullanın.
k) Dilimlemeden önce somunu 15 ila 20 dakika soğumaya bırakın.

56. La Petite Boule De Pain

İÇİNDEKİLER:

- 7 su bardağı Ekmeklik Un
- ¾ su bardağı Sert Kırmızı Un
- ¾ su bardağı buğday unu
- 2¾ bardak Su
- 1 ¾ yemek kaşığı Tuz
- 1 ½ çay kaşığı Maya
- 2 ½ çay kaşığı Şeker
- ⅓ bardak keten tohumu, susam veya kabak çekirdeği

TALİMATLAR:

a) Öncelikle mayanızı başlatmalısınız, bunu yapmak için uzun bir ölçüm kabı kullanın, ideal olarak şekerinizi ve 65 ° C'deki susuz mayanızı koyun ve her şey eriyene kadar bir kaşıkla karıştırın, sonra bekletin. 10 dakika boyunca bu şekilde görünene kadar.

b) Ununuzu ve tuzunuzu tartıp tezgahınıza koyun, her yerde hemen hemen aynı miktarda olmasına dikkat edin çünkü içindeki sıvıyı zayıflatırsınız ve hiçbir yerde açıklık istemezsiniz, aksi takdirde başınız belaya girer.

c) Güzel bir hamur elde edene kadar yavaş yavaş kenardaki unu da ekleyerek parmaklarınızla daire çizerek karıştırın.

ç) Güzel bir hamur elde ettikten sonra elinizle 5 dakika kadar yoğurup içindeki gluteni geliştirmeye çalışın. Bunun sonunda seçtiğiniz tahılı ekleyin

d) Bunu yaptıktan sonra hamurunuzu ıslak havluyla kaplı bir kapta fırında 2 ila 3 saat mayalandırın.

e) Mayalama aletiniz yok, o zaman çok basit, gazlı veya elektrikli fırınınızı kullanın, altına bir kase ılık su koyun ve fırınınızı yaklaşık 3 dakika boyunca hangi sıcaklıkta olursa olsun açın ve kapatın.

f) Mayalandıktan sonra çok az unla tezgahınızın üzerine koyun ve yoğurmayın, sadece düzleştirin ve hamuru katlayın, oldukça elastik olmalı, hamurun bir ucunu, kuzey ucunu alıp, doğru getirin. Güneyde, aynısını tüm köşeler için birkaç kez yapın, ardından ters çevirin ve "topu" yuvarlayın.

g) Katlama, ekmeğe kabarma gücü verecek olan şeydir. Ters çevirdikten sonra, bir kez daha oda sıcaklığında tezgahın üzerinde ıslak bir havluyla yaklaşık bir saat mayalanmasını bekleyin.

ğ) Saat işaretinden hemen önce, fırınınızı 225 ° C'ye ısıtın ve dökme demir tavanıza veya kapaksız, sıkı oturan kapaklı, ağır, fırına dayanıklı bir tencereye koyun, ekmek içeri girdikten sonra kapağa ihtiyacınız olacak.

h) Bir jilet veya keskin bir bıçak kullanarak üstünü iki kez çizin ve üstünü unlayın (bu, üstteki güzel dokuyu verecektir), ardından elinizle hamuru tutun ve kapağı kapalı olarak ağır, fırına dayanıklı tencereye koyun. 20 dakika.

ı) İlk 20 dakikanın ardından sıcaklığı 200°C'ye düşürüp tekrar 20 dakika daha kapağı kapalı olarak pişirin.

i) Bu 40 dakikanın ardından fırından çıkarın, tencerenizden çıkarın ve bir raf üzerinde soğutun, işte karşınızda.

j) Ekmeğinizi biraz daha uzun süre saklamak için birkaç seçeneğiniz var, bir gün sonra dilimleyip dondurabilirsiniz, fermuarlı kilitte veya bütün olarak saklayabilirsiniz ama bir poşete sarmalısınız. Kullanmanız bittiğinde her zaman havluyu kullanın. 3 gün böyle sürecek.

k) Biraz daha az yoğun ekmeklerden hoşlanıyorsanız mayayı ikiye katlayın ve hamuru daha uzun süre dinlendirin. Ailemizde yoğun ekmeği severiz :-)

57.Ağrı Tamamlandı

İÇİNDEKİLER:

- ¾ bardak su, oda sıcaklığında, bölünmüş
- 2 yemek kaşığı bal
- 1½ çay kaşığı anlık maya, bölünmüş
- 2¼ su bardağı tam buğday unu (veya T150 unu), bölünmüş
- 1½ çay kaşığı koşer tuzu

TALİMATLAR:

a) Havuz benzeri bir hamur hazırlayın: Orta boy bir kapta ½ bardak su, bal ve bir tutam mayayı, ardından 1 bardak unu karıştırın. Kalın bir macun oluşuncaya kadar karıştırın. Bir havluyla örtün ve oda sıcaklığında 2 ila 4 saat bekletin veya gece boyunca buzdolabında bekletin. Boyutu iki katına çıkmalı.

b) Hamuru hazırlayın: Kalan ¼ bardak suyu ve kalan mayayı tercihinize göre ekleyin, parmaklarınızı kullanarak hamuru sıvıya bölün. Kalan 1¼ bardak unu ve tuzu ekleyin ve yaklaşık 1 dakika boyunca yumuşak bir hamur oluşana kadar karıştırın. Hamuru temiz bir tezgahın üzerine çevirin ve pürüzsüz, esnek ve esnek hale gelinceye kadar 8 ila 10 dakika yoğurun (veya bir stand mikserine aktarın ve düşük hızda 6 ila 8 dakika yoğurun). Elle yoğuruyorsanız daha fazla un ekleme dürtüsüne karşı koyun; hamur, siz çalıştıkça doğal olarak daha az yapışkan hale gelecektir. Elle yoğuruyorsanız hamuru kaseye geri koyun. Bir havluyla örtün ve 1 saat veya boyutu iki katına çıkana kadar bir kenara koyun.

c) Şekil verin ve pişirin: Tezgahınızı hafifçe unlayın ve hamuru kaseden çıkarmak için plastik bir tezgah kazıyıcı kullanın.

ç) Parmak uçlarınızı kullanarak hamurun kenarlarını içeri doğru çekin, tüm kenarlar ortaya katlanana kadar hamurun etrafında saat yönünde çalışın. Yapışması için hafifçe sıkıştırın.

d) Hamurun kıvrımlarının merkezde buluştuğunu ve bir dikiş oluşturduğunu görmelisiniz.

e) Hamuru ters çevirin. Her iki elinizi tabanın etrafından tutun ve masanın tutuşunu kullanarak, dikişi sıkmak için yuvarlaklığı kendinize doğru çekin, ilerledikçe döndürün. Bir havluyla örtün ve 5 ila 10 dakika dinlendirin.

f) Yuvarlak kısmı kaba bir oval haline getirmek için parmak uçlarınızı kullanın. Hamurun üst üçte birini kendinize doğru katlayın ve yapışması için dikiş boyunca hafifçe bastırın. Bir kütük oluşturmak için, dikişi kapatmak için elinizin topuğunu veya parmak uçlarınızı kullanarak hamuru tekrar kendinize doğru yuvarlayın. Tezgahınızın hafifçe unlandığından emin olun. Hamur üzerinde çok fazla baskı olmasını istemezsiniz ancak hamurun yuvarlanmak yerine kaymasını da istemezsiniz. Hamur kayarsa fazla unu fırçalayın ve ellerinizi hafifçe ıslatın.

g) Hamuru, dikiş yeri altta olacak şekilde yavaşça çevirin ve bir futbol şekli oluşturmak için somunun uçlarını ileri geri sallamak için ellerinizi kullanın.

ğ) Daha sonra ellerinizi somunun ortasından kenarlara doğru hareket ettirerek hafifçe yaklaşık 8 inç uzunluğa kadar uzatın. Parşömen kağıdıyla kaplı bir fırın tepsisine aktarın.

h) Hamuru bir havluyla örtün ve marshmallow benzeri bir doku elde edene kadar yaklaşık 1 saat bekletin. Hamuru delerseniz, biraz geriye doğru yaylanarak bir girinti bırakması gerekir. 30 dakikalık provanın ardından fırını önceden 450°F'ye ısıtın.

ı) Somun pişmeye hazır olduğunda, topayı 30 derecelik bir açıyla tutun ve somunun uzunluğu boyunca paralel diyagonal çizgiler oluşturmak için hızlı, hafif hareketler kullanarak dekoratif bir şekilde çizik atın.

i) Fırın tepsisini fırına koyun, somuna 4 veya 5 kez su serpin ve kapıyı kapatın. Fırın ısısını kaybetmemek için hızlı bir şekilde çalışarak 3 dakika piştikten sonra tekrar püskürtün ve 3 dakika daha sonra tekrar püskürtün. Somun koyu altın rengi kahverengi olana ve iç sıcaklık yaklaşık 200°F'ye ulaşana kadar toplam 20 ila 25 dakika pişirin.

j) Dilimlemeden önce somunu 15 ila 20 dakika boyunca bir soğutma rafına aktarın.

58. Ağrı Yardımcı Noix

İÇİNDEKİLER:

- 1½ su bardağı oda sıcaklığında su
- 3 yemek kaşığı bal
- 2 çay kaşığı anlık maya
- 2⅔ su bardağı tam buğday unu (veya T150 unu)
- 1½ su bardağı ekmek unu (veya T55 unu)
- 1 yemek kaşığı koşer tuzu
- 1½ su bardağı kabaca kıyılmış ceviz

TALİMATLAR:

a) Hamuru hazırlayın: Orta boy bir kapta suyu, balı ve mayayı karıştırın. Tam buğday ve ekmeklik unları ve tuzu ekleyin. Tüylü bir hamur bir araya gelinceye kadar karıştırın. Hamuru temiz bir tezgahın üzerine çevirin ve pürüzsüz, esnek ve esnek hale gelinceye kadar 8 ila 10 dakika yoğurun (veya bir stand mikserine aktarın ve düşük hızda 6 ila 8 dakika yoğurun). Gluten gelişiminin uygun olup olmadığını kontrol etmek için hamuru gerin. Çok hızlı yırtılıyorsa ve sert görünüyorsa, pürüzsüz ve esnek hale gelinceye kadar yoğurmaya devam edin. Cevizleri yoğurun.

b) Elle yoğuruyorsanız hamuru kaseye geri koyun. Bir havluyla örtün ve 1 saat veya boyutu iki katına çıkana kadar bekletin. (Bu süre mutfağınızın sıcaklığına göre değişiklik gösterecektir.)

c) Tezgahınızı hafifçe unlayın ve hamuru kaseden çıkarmak için plastik bir tezgah kazıyıcı kullanın. Varsa eşit ağırlıkları sağlamak için bir terazi kullanarak hamuru ikiye bölün.

ç) Parmak uçlarınızı kullanarak, hamurun bir parçasının kenarlarını içeri doğru çekin, tüm kenarlar ortaya katlanana kadar hamurun etrafında saat yönünde çalışın. Yapışması için hafifçe sıkıştırın. Hamurun kıvrımlarının merkezde buluştuğunu ve bir dikiş oluşturduğunu görmelisiniz. (Hamuru yoğurmamaya veya çok sert bir şekilde söndürmemeye dikkat edin.) Yuvarlak parçayı ters çevirin. Her iki elinizi tabanın etrafından tutun ve masanın tutuşunu kullanarak, dikişi sıkmak için yuvarlaklığı kendinize doğru çekin, ilerledikçe döndürün. Kalan turla tekrarlayın. Bir havluyla örtün ve 5 ila 10 dakika dinlendirin.

d) Her seferinde bir turla çalışarak, yavaşça kaba bir oval haline getirin. Hamurun üst üçte birini kendinize doğru katlayın ve yapışması için dikiş boyunca hafifçe bastırın. Dikişi kapatmak için elinizin topuğu veya parmak uçlarınızı kullanarak bir kütük oluşturmak için hamuru tekrar kendinize doğru yuvarlayın. Tezgahınızın hafifçe unlandığından emin olun. Hamur üzerinde çok fazla baskı olmasını istemezsiniz ancak yuvarlanmak yerine kaymasını da istemezsiniz. Hamur kayarsa fazla unu fırçalayın ve ellerinizi hafifçe ıslatın.

e) Hamuru, dikiş yeri altta olacak şekilde yavaşça çevirin ve bir futbol şekli oluşturmak için somunun uçlarını ileri geri sallamak için ellerinizi kullanın.

f) Daha sonra ellerinizi her somunun ortasından kenarlara doğru hareket ettirerek somunları 8 ila 10 inç uzunluğa gelene kadar hafifçe uzatın. Her iki somunu da parşömen kağıdıyla kaplı bir fırın tepsisine, aralarında en az birkaç inç mesafe olacak şekilde aktarın.

g) Bir havluyla örtün ve yaklaşık 1 saat veya marshmallow kıvamına gelinceye kadar prova için bir kenara koyun. Hamuru delerseniz, biraz geriye doğru yaylanarak bir girinti bırakması gerekir. 30 dakikalık provanın ardından fırını önceden 450°F'ye ısıtın.

ğ) Somunlar pişmeye hazır olduğunda, topayı 30 derecelik bir açıyla tutun ve somun boyunca 2 veya 3 paralel diyagonal çizgi oluşturmak için hızlı, hafif hareketler kullanarak dekoratif bir şekilde çizik atın.

h) Fırın tepsisini fırına koyun, 4 veya 5 kez su püskürtün ve kapıyı kapatın. Fırın ısısını kaybetmemek için hızlı bir şekilde çalışarak 3 dakika piştikten sonra tekrar püskürtün ve 3 dakika daha sonra tekrar püskürtün. Somunlar koyu altın rengi kahverengi olana ve iç sıcaklık yaklaşık 190°F'ye ulaşana kadar toplam 20 ila 25 dakika pişirin.

ı) Somunları kesmeden önce 15 ila 20 dakika boyunca bir soğutma rafına aktarın.

59. Gibassier

İÇİNDEKİLER:

- 4 su bardağı un
- 10 gr maya veya bikarbonat
- 150 gr pudra şekeri
- 130g zeytinyağı
- 130 gr ılık beyaz şarap
- 1 tutam tuz
- 1 Su bardağı rendelenmiş yeşil anason
- 4 cl portakal çiçeği

TALİMATLAR:

a) Mayayı bir kapta biraz ılık su ile eritin.
b) 500 gr un ekleyin ve içine bir çeşme kazın.
c) Ortasına 130 gr zeytinyağı, 150 gr şeker, 1 tutam tuz, 1 yemek kaşığı ve rendelenmiş yeşil anasonu ekleyin.
ç) Mayayı, portakal çiçeğini ekleyin ve hamuru iyice karıştırın.
d) Pürüzsüz bir macun elde etmek için ılık beyaz şarabı yavaş yavaş ekleyin.
e) Hamuru ikiye bölüp 2 küçük hamur parçası oluşturun.
f) Her hamur parçasını 1 cm kalınlığında küçük bir kek şeklinde açın. Parşömen kağıdıyla kaplı bir fırın tepsisine yerleştirin, merdane veya bıçak kullanarak 5 kez kesin ve bir gece fırında dinlenmeye bırakın.
g) Ertesi gün fırını önceden 180°C'ye ısıtın, üzerine sarı şeker kamışı serpin ve 25 ila 30 dakika pişirin.

60.Ağrı Au Oğlu

İÇİNDEKİLER:

- 10 gr taze fırıncı mayası
- 150 gr kepek
- 250 gr kavuzlu un
- 50 gr çavdar unu
- 1 bardak tuz

TALİMATLAR:

a) Bir kasede 100 gr kepeği 2 dl suda 1 saat bekletip süzün.

b) Başka bir kaseye 2 unu dökün ve çeşme yapın. Ufalanmış mayayı, tuzu ve ardından kepek karışımını dökün.

c) Tutarlı bir hamur oluşana kadar her şeyi 10 ila 15 dakika yoğurun. Kaseyi nemli bir bezle örtün ve hava akımından uzak, sıcak bir yerde yaklaşık 1 saat 30 kadar mayalanmaya bırakın.

ç) Hamuru unlu bir çalışma yüzeyinde yaklaşık on dakika yoğurun, ardından uzun bir somun şekli verin.

d) Fırını önceden 180°C'ye (th.6) ısıtın.

e) Büyük bir kalıbı yağlayın ve kepeğin geri kalanıyla hizalayın.

f) Hamuru kalıba paylaştırın ve 30 dakika daha mayalanmaya bırakın.

g) Ekmeği yaklaşık 50 dakika pişirin.

ğ) Soğumaya bırakın. Kalıptan çıkarın.

61. Faluş

İÇİNDEKİLER:

- 4 su bardağı çok amaçlı un
- 10 gr tuz
- 10g şeker
- 10 gr aktif kuru maya
- 300ml ılık su
- 2 yemek kaşığı zeytinyağı

TALİMATLAR:

a) Maya karışımını hazırlayın: Küçük bir kapta şekeri ve mayayı ılık suda eritin. Köpük haline gelinceye kadar 5 dakika bekletin.

b) Kuru malzemeleri karıştırın Büyük bir karıştırma kabında un ve tuzu birleştirin.

c) Hamuru şekillendirin: Kuru malzemelerin ortasında bir havuz açın ve maya karışımını ve zeytinyağını dökün. Bir hamur oluşana kadar unu yavaş yavaş ıslak malzemelere ekleyin.

ç) Hamuru yoğurun: Hamuru unlanmış bir yüzeye aktarın ve pürüzsüz ve elastik hale gelinceye kadar 10 dakika yoğurun.

d) Hamuru kabarmaya bırakın: Hamuru hafif yağlanmış bir kaseye koyun, üzerini nemli bir mutfak havlusuyla örtün ve ılık bir yerde 1-2 saat, hacmi iki katına çıkana kadar mayalanmaya bırakın.

e) Ön ısıtma ve şekillendirme: Fırınınızı önceden 220°C'ye (425°F) ısıtın ve önceden ısıtmak için içine bir fırın taşı veya fırın tepsisi yerleştirin. Hamur mayalandıktan sonra yavaşça yuvarlayın ve yuvarlak veya oval bir somun şekline getirin.

f) Son yükselme: Şekillendirilmiş hamuru bir parça parşömen kağıdına aktarın. Üzerini nemli bir mutfak havlusu ile örtüp 15 dakika dinlendirin.

g) Pişirme: Parşömen kağıdını hamurla birlikte önceden ısıtılmış fırın taşı veya fırın tepsisine dikkatlice aktarın. Faluche altın kahverengiye dönene ve altına dokunulduğunda oyuk bir ses çıkarana kadar 15 ila 20 dakika pişirin.

ğ) Serin ve tadını çıkarın: Faluche'yi fırından çıkarın ve tel ızgara üzerinde soğumaya bırakın. Soğuduktan sonra dilediğiniz şekilde dilimleyip servis yapın.

62. Ağrı De Seigle

İÇİNDEKİLER:

- 1 ¾ su bardağı çavdar unu
- 2 su bardağı ekmek unu
- 2 çay kaşığı tuz
- 2 çay kaşığı şeker
- 2 ¼ çay kaşığı aktif kuru maya
- 1 ⅓ bardak ılık su

TALİMATLAR:

a) Büyük bir karıştırma kabında çavdar unu, ekmek unu, tuz ve şekeri birleştirin. Malzemelerin eşit şekilde dağılması için iyice karıştırın.

b) Küçük bir kapta mayayı ılık suda eritin. Köpük haline gelinceye kadar yaklaşık 5 dakika bekletin.

c) Maya karışımını kuru malzemelerin olduğu kaseye dökün. Karışımı tahta kaşıkla veya ellerinizle yapışkan bir hamur oluşana kadar karıştırın.

ç) Hamuru unlu bir yüzeye aktarın ve pürüzsüz ve elastik hale gelinceye kadar yaklaşık 8-10 dakika yoğurun. Yapışmayı önlemek için gerekirse ilave un ekleyin, ancak çok fazla eklememeye dikkat edin.

d) Hamuru hafifçe yağlanmış bir kaseye koyun ve üzerini temiz bir mutfak havlusu veya streç filmle örtün. Sıcak, hava akımı olmayan bir alanda yaklaşık 1 ila 1 ½ saat veya boyutu iki katına çıkana kadar yükselmesine izin verin.

e) Hamur mayalandıktan sonra parmak uçlarınızla üzerine bastırarak yavaşça söndürün. Hamura yuvarlak bir somun şekli verin veya yağlanmış bir kek kalıbına yerleştirin.

f) Hamuru bir mutfak havlusuyla gevşek bir şekilde örtün ve 30-45 dakika daha veya hafifçe kabarıncaya kadar mayalanmaya bırakın.

g) Bu arada fırınınızı 220°C'ye (425°F) önceden ısıtın. Pişirme taşı kullanıyorsanız, ön ısıtma sırasında fırına koyun.

ğ) Hamurun kabarması bittiğinde havluyu çıkarın ve somunu bir fırın tepsisine veya doğrudan önceden ısıtılmış fırın taşının üzerine aktarın.

h) Pain de seigle'yi yaklaşık 35-40 dakika veya kabuk derin altın rengi kahverengi olana ve tabana vurulduğunda somun içi boş ses çıkana kadar pişirin.

ı) Ekmeği fırından çıkarın ve dilimleyip servis etmeden önce tel ızgara üzerinde soğumasını bekleyin.

i) Zengin lezzeti ve doyurucu dokusuyla ev yapımı pain de seigle'nizin tadını çıkarın!

63. Miche

İÇİNDEKİLER:
- 4 su bardağı ekmek unu
- ¾ su bardağı tam buğday unu
- 2 çay kaşığı tuz
- 2 ¼ çay kaşığı aktif kuru maya
- 1 ½ su bardağı ılık su

TALİMATLAR:

a) Büyük bir karıştırma kabında ekmek ununu, tam buğday ununu ve tuzu birleştirin. Malzemelerin eşit şekilde dağılması için iyice karıştırın.

b) Küçük bir kapta mayayı ılık suda eritin. Köpük haline gelinceye kadar yaklaşık 5 dakika bekletin.

c) Maya karışımını kuru malzemelerin olduğu kaseye dökün. Karışımı tahta kaşıkla veya ellerinizle yapışkan bir hamur oluşana kadar karıştırın.

ç) Hamuru unlu bir yüzeye aktarın ve pürüzsüz ve elastik hale gelinceye kadar yaklaşık 8-10 dakika yoğurun. Yapışmayı önlemek için gerekirse ilave un ekleyin, ancak çok fazla eklememeye dikkat edin.

d) Hamuru hafifçe yağlanmış bir kaseye koyun ve üzerini temiz bir mutfak havlusu veya streç filmle örtün. Sıcak, hava akımı olmayan bir alanda yaklaşık 1 ila 1 ½ saat veya boyutu iki katına çıkana kadar yükselmesine izin verin.

e) Hamur mayalandıktan sonra parmak uçlarınızla üzerine bastırarak yavaşça söndürün. Hamurun kenarlarını alta sıkıştırıp dairesel hareketlerle döndürerek yuvarlak bir somun şekli verin.

f) Şekillendirilmiş miche'yi parşömen kağıdıyla kaplı bir fırın tepsisine yerleştirin. Bir mutfak havlusuyla gevşek bir şekilde örtün ve 30-45 dakika daha veya hafifçe kabarıncaya kadar kabarmasını bekleyin.

g) Bu arada, fırınınızı önceden 220°C'ye (425°F) ısıtın ve alt rafa sığ bir tava sıcak su koyun. Bu, fırında buhar oluşturarak gevrek bir kabuk elde etmenize yardımcı olacaktır.

ğ) Miche yükselmeyi bitirdiğinde havluyu çıkarın ve fırın tepsisini dikkatlice önceden ısıtılmış fırına aktarın. Yaklaşık 35-40 dakika veya somun altın rengi kahverengi olana ve altına dokunulduğunda içi boş bir ses çıkana kadar pişirin.

h) Miche'yi fırından çıkarın ve dilimleyip servis etmeden önce tel ızgara üzerinde soğumasını bekleyin.

İTALYAN EKMEĞİ

64. Grisini Alle Erbe

İÇİNDEKİLER:
- 1 Somun Fransız ekmeği, (8 ons)
- 1 yemek kaşığı Zeytinyağı
- 1 diş sarımsak, yarıya bölünmüş
- ¾ çay kaşığı Kurutulmuş kekik
- ¾ çay kaşığı Kurutulmuş fesleğen
- ⅛ çay kaşığı Tuz

TALİMATLAR:

a) Ekmeği çapraz olarak ikiye bölün ve her parçayı yatay olarak ikiye bölün.

b) Yağı ekmeğin kesilmiş kenarlarına eşit şekilde fırçalayın; sarımsakla ovalayın. Ekmeğin üzerine kekik, fesleğen ve tuz serpin. Her ekmek parçasını uzunlamasına 3 çubuğa kesin.

c) Ekmek çubuklarını bir fırın tepsisine yerleştirin; 300 derecede 25 dakika veya gevrekleşene kadar pişirin.

65. Bölme Pugliese

İÇİNDEKİLER:
- 4 su bardağı ekmek unu
- 1 ½ çay kaşığı aktif kuru maya
- 2 bardak ılık su
- 2 çay kaşığı tuz
- Sızma zeytinyağı (yağlamak için)
- Mısır unu (tozunu almak için)

TALİMATLAR:

a) Küçük bir kapta mayayı yarım bardak ılık suda eritin. Yaklaşık 5 dakika ya da köpük haline gelinceye kadar bekletin.
b) Büyük bir karıştırma kabında ekmek ununu ve tuzu birleştirin.
c) Unlu karışımın ortasını havuz şeklinde açıp, mayalı karışımı ve kalan ılık suyu dökün.
ç) Malzemeleri kaba bir hamur oluşana kadar karıştırın.
d) Hamuru unlu bir yüzeye aktarın ve yaklaşık 10-15 dakika veya pürüzsüz ve elastik hale gelinceye kadar yoğurun. Yapışmayı önlemek için gerekirse biraz daha un ekleyin.
e) Hamuru yağlanmış bir kaba alıp üzerini temiz bir mutfak havlusu ile örtün ve ılık bir yerde yaklaşık 1-2 saat, yani hacmi iki katına çıkana kadar mayalanmaya bırakın.
f) Fırınınızı 220°C'ye (425°F) önceden ısıtın. Eğer pişirme taşınız varsa onu da önceden ısıtmak için fırına koyun.
g) Hamur kabardıktan sonra hava kabarcıklarının çıkması için hafifçe vurun. Yuvarlak veya oval bir somun şekli verin.
ğ) Şekillendirilmiş somunu bir fırın tepsisine veya mısır unu serpilmiş bir pizza kabuğuna yerleştirin. Bu ekmeğin yapışmasını önleyecektir.
h) Somunu temiz bir mutfak havlusuyla örtün ve 30-45 dakika daha veya hafifçe kabarıncaya kadar kabarmasını bekleyin.
ı) Keskin bir bıçak kullanarak ekmeğin üst kısmına birkaç sığ kesik atın. Bu, ekmeğin genişlemesine ve güzel bir kabuk oluşturmasına yardımcı olacaktır.
i) Somunu önceden ısıtılmış pişirme taşının üzerine veya taş kullanmıyorsanız doğrudan fırın tepsisine aktarın.
j) Ekmeği önceden ısıtılmış fırında yaklaşık 30-35 dakika veya altın rengi kahverengi olana ve altına dokunulduğunda içi boş bir ses çıkana kadar pişirin.
k) Piştikten sonra Pane Pugliese'yi fırından çıkarın ve tel ızgara üzerinde soğumaya bırakın.

66. Grisini

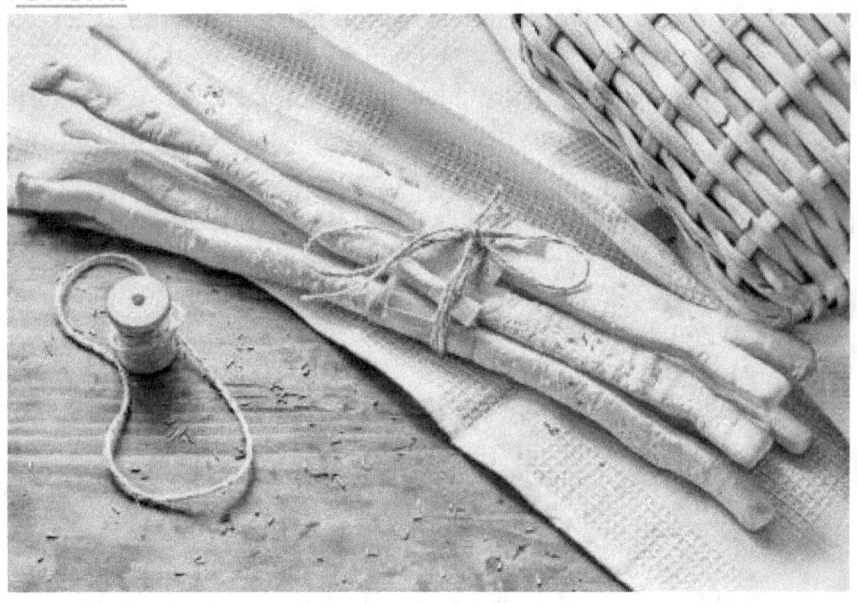

İÇİNDEKİLER:

- 2 su bardağı ekmek unu
- 1 çay kaşığı tuz
- 1 çay kaşığı şeker
- 1 yemek kaşığı zeytinyağı
- ¾ bardak ılık su
- İsteğe bağlı: serpmek için susam veya haşhaş tohumu

TALİMATLAR:

a) Bir karıştırma kabında ekmek ununu, tuzu ve şekeri birleştirin. Malzemelerin eşit şekilde dağılması için iyice karıştırın.
b) Kuru malzemelerin ortasını havuz gibi açıp zeytinyağını ve ılık suyu ekleyin.
c) Karışımı bir tahta kaşıkla veya elinizle bir araya gelinceye kadar hamur haline gelinceye kadar karıştırın.
ç) Hamuru unlu bir yüzeye aktarın ve pürüzsüz ve elastik hale gelinceye kadar yaklaşık 5-7 dakika yoğurun.
d) Hamuru daha küçük porsiyonlara bölün. Her seferinde bir parça alın ve çapı yaklaşık ¼ inç olan ince ip benzeri bir şekle getirin.
e) Açılan hamuru 8-10 inç uzunluğunda çubuklar halinde kesin. Tercihinize göre daha kısa veya daha uzun yapabilirsiniz.
f) Grissini çubuklarını parşömen kağıdıyla kaplı bir fırın tepsisine yerleştirin. Genişlemelerine izin vermek için çubuklar arasında biraz boşluk bırakın.
g) İstenirse, grissini çubuklarını zeytinyağıyla fırçalayabilir ve daha fazla lezzet ve doku için üzerine susam veya haşhaş tohumu serpebilirsiniz.
ğ) Fırınınızı 200°C'ye (400°F) önceden ısıtın.
h) Grissini çubuklarını 15-20 dakika kadar dinlendirip kabarmaya bırakın.
ı) Grisini önceden ısıtılmış fırında yaklaşık 15-20 dakika veya altın rengi kahverengi ve gevrek oluncaya kadar pişirin.
i) Piştikten sonra grisini fırından çıkarın ve tel ızgara üzerinde soğumaya bırakın.

67.Pane Pide

İÇİNDEKİLER:

- 3 su bardağı Ağartılmamış Çok Amaçlı Un
- 2 çay kaşığı anlık maya
- 2 çay kaşığı Kolay Rulo Hamur İyileştirici
- 2 çay kaşığı toz şeker
- 1 ½ çay kaşığı tuz
- 1 bardak su
- 2 yemek kaşığı bitkisel yağ

TALİMATLAR:

a) Ununuzu tartın; veya yavaşça bir bardağa kaşıkla dökün ve ardından fazlalığı süpürün. Unu diğer malzemelerle birleştirin ve tüylü/sert bir hamur oluşturmak için karıştırın.

b) Hamuru elle (10 dakika) veya mikserle (5 dakika) veya ekmek makinesiyle (hamur döngüsüne ayarlanmış) pürüzsüz hale gelinceye kadar yoğurun.

c) Hamuru hafifçe yağlanmış bir kaba koyun ve 1 saat dinlenmeye bırakın; oldukça kabarık hale gelecektir, ancak hacimsel olarak iki katına çıkmayabilir. Ekmek makinesi kullandıysanız makinenin döngüsünü tamamlamasına izin verin.

ç) Hamuru hafif yağlanmış tezgaha alıp 8 parçaya bölün.

68. Pane Al Farro

İÇİNDEKİLER:

- 500 gr un
- 300 gr kılçıksız un (tam öğün)
- 350 ml su
- 25 gr zeytinyağı (sızma)
- 20 gr bira mayası (taze)
- 20 gr tuz
- 1 çay kaşığı arpa maltı (isteğe bağlı)
- 100 gr tohum (karışık)

TALİMATLAR:

a) Yazılı ekmeği hazırlamak için ufalanmış bira mayasını oda sıcaklığında biraz suda eriterek başlayın.

b) İki unu ve arpa maltını bir kaseye koyun ve kuru malzemeleri karıştırın. Daha sonra mayayı erittiğiniz suyu ve zeytinyağını ekleyin.

c) Daha fazla su ekleyin; Suyu bir anda eklememenizi tavsiye ederim, yine de biraz zaman alabileceği için gerekmeyebilir, kullandığınız unun emilimine bağlıdır. Daha sonra hamuru planet mikserin kancasıyla çalıştırmaya başlayın ve su eklemeye ayarlayın, kompakt bir hamur elde etmeniz gerekecek (deyim yerindeyse pizza hamurundan daha kompakt). İşlemin sonunda tuzu ekleyip tekrar yoğurun. Son olarak karışık tohumları ekleyin ve hamura iyice dağıtmak için tekrar çalışın.

ç) Yoğurma işlemini bir hamur tahtası üzerinde elle tamamlayın ve hamura küresel bir şekil verin, yağlanmış büyük bir kaseye koyun, üzerini streç filmle örtün ve korunaklı, sıcak bir yerde mayalanmasını bekleyin (fırın kapalı ve ışığı açıkken çok iyi olur)). En az 3-4 saat ya da boyutu iki katına çıkana kadar kabarmasını bekleyin.

d) Mayalandıktan sonra hamuru tekrar alıp havasını alıp tezgaha alıp düzleştirin ve 3 kat yapın, kitap gibi katlamak ikinci mayalamaya daha fazla ivme kazandıracaktır. Şimdi ekmeği bir parşömen kağıdının üzerine, kapağı aşağı bakacak şekilde yerleştirin ve yüksekliğinin artması için bir sepete yerleştirin.

e) Bir saat sonra ekmek kabarmış olacak, fırın tepsisini içeride tutarak fırını 240°'ye ısıtın. Doğru sıcaklığa ulaştığında ekmeği (tüm parşömen kağıdıyla birlikte) doğrudan fırında önceden ısıtılmış tepsiye yerleştirin ve ekmeği en alt rafta pişirin.

f) Çıtır kabuk efekti elde etmek için ekmeği 240°'de 15 dakika pişirin, ardından sıcaklığı 180°'ye düşürüp 30 dakika daha pişirmeye devam edin, son olarak tekrar 200°'ye çıkarıp 10 dakika pişirin. Ekmek hazır olduğunda fırından çıkarın ve soğuması için tel ızgaraya aktarın.

g) Sert

69. Focaccia

İÇİNDEKİLER:
- 2¼ çay kaşığı Aktif kuru maya
- 3 su bardağı Ekmek unu
- ½ çay kaşığı Tuz
- ½ çay kaşığı Şeker
- 1 su bardağı Su; artı
- 2 yemek kaşığı Su
- 1 yemek kaşığı Zeytinyağı
- 2 yemek kaşığı sızma zeytinyağı
- 2 çay kaşığı Kaba tuz
- Taze çekilmiş karabiber

TALİMATLAR:
MAKİNE PROSEDÜRÜ

a) dışındaki malzemeleri ekmek makinenizin kullanım kılavuzunda belirtilen sıraya göre ekleyin . Ekmek makinesini hamur/manuel ayarına getirin. Programın sonunda sil/durdur tuşuna basın. Hamuru yumruklamak için başlat tuşuna basın ve 60 saniye yoğurun. Temizle/durdur'a tekrar basın. Elle şekillendirmeden önce hamuru çıkarın ve 5 dakika dinlendirin.

b) Ekmek makinenizde hamur/manuel ayarı yoksa normal ekmek yapma prosedürünü uygulayın ancak hamurun yalnızca bir kez yoğrulmasını sağlayın. Yoğurma işleminin sonunda sil/durdur tuşuna basın. Hamurun 60 dakika kadar kabarmasını bekleyin, ilk 30 dakikadan sonra hamurun aşırı kabarıp kapağa temas etmediğinden emin olun. Başlat tuşuna basın ve hamurun aşağı inmesi için makineyi 60 saniye çalıştırın.

c) Temizle/durdur'a tekrar basın. Elle şekillendirmeden önce hamuru çıkarın ve 5 dakika dinlendirin.

EL ŞEKİLLENDİRME TEKNİĞİ:

ç) Ellerinizi unla serpin. Parmak uçlarıyla hamuru 13- X 9- X 1 inçlik hafif yağlanmış bir fırın tepsisine eşit şekilde yayın. Temiz bir mutfak beziyle üzerini örtün.

d) Yaklaşık 30 ila 60 dakika boyunca yüksekliği iki katına çıkana kadar yükselmeye bırakın.

e) Fırını 400F'ye önceden ısıtın.

f) Yükselen hamurun yüzeyinde parmak uçlarınızla hafif girintiler yapın. Sızma zeytinyağını fırçayla sürün ve üzerine iri tuz ve karabiber serpin.

g) Fırının alt rafında yaklaşık 30 ila 35 dakika veya altın kahverengi olana kadar pişirin. Tavada soğumaya bırakın.

ğ) On iki eşit parçaya kesip oda sıcaklığında servis yapın.

70. Focaccia Di Mele

İÇİNDEKİLER:

HAMUR:
- 1 küçük elma, çekirdeği çıkarılmış ve dörde bölünmüş
- 2 su bardağı ağartılmamış beyaz un
- ¼ çay kaşığı Tarçın
- 1 yemek kaşığı Şeker veya 2 ton bal
- 1 Yetersiz t çabuk yükselen maya
- ¼ Çay kaşığı tuz
- ⅓ ila ½ bardak sıcak musluk suyu
- ⅓ bardak kuru üzüm

DOLGU:
- 4 orta boy elma
- ½ limon suyu
- Beyaz biberi sıkın
- Bir tutam karanfil
- Kakule tutam
- Bir tutam hindistancevizi
- Öğütülmüş zencefili sıkıştırın
- 1 çay kaşığı vanilya özü
- ⅓ su bardağı şeker veya bal
- ½ su bardağı esmer şeker veya
- 2 Yemek kaşığı pekmez
- 1 çay kaşığı mısır nişastası

SIR:
- 2 yemek kaşığı kayısı reçeli veya konservesi
- 1 çay kaşığı su

TALİMATLAR:

HAMUR:

a) Dörde bölünmüş elmayı mutfak robotunda yaklaşık 20 saniye işleyin; ayrı bir kaseye aktarın.

b) Mutfak robotuna 2 su bardağı un, tarçın, şeker veya bal, maya ve tuzu ekleyin; 5 saniye işlem yapın. İşlenmiş elma ekleyin; 5 saniye daha işlem yapın.

c) İşlemci çalışırken, besleme borusundan yavaş yavaş ⅓ bardak sıcak su ekleyin. Makineyi durdurun ve hamurun yaklaşık 20 saniye dinlenmesini sağlayın. Hamur yumuşak bir top haline gelinceye ve kasenin kenarları temiz olana kadar işlemeye ve besleme borusundan yavaş yavaş su eklemeye devam edin. 2 veya 3 kez daha nabız atın.

ç) Temiz yüzeye kuru üzüm ve 1 yemek kaşığı un serpin. Hamuru yüzeye çevirin ve kuru üzümleri dahil etmek için yaklaşık 1 dakika yoğurun. Hamur çok yapışkansa un ekleyin.

d) Plastik poşetin içini hafifçe unlayın. Hamuru torbaya koyun, ağzını kapatın ve sıcak, karanlık bir yerde 15-20 dakika dinlendirin.

e) Hamuru 12 ila 14 inç çapında bir daireye yuvarlayın. Yağlanmış tavaya veya fırın tepsisine dizin.

f) Doldurmayı hazırlarken üzerini bir mutfak havlusu ile örtün ve sıcak bir yere koyun.

g) Fırını 400 dereceye kadar önceden ısıtın.

DOLGU:

ğ) Elmaların çekirdeklerini çıkarın ve kağıt inceliğinde dilimleyin. Elma dilimlerinin üzerine limon suyunu serpin. Kalan dolgu malzemelerini ekleyin ve iyice karıştırın.

h) Kaşıkla hamurun içine doldurun. 20 dakika pişirin, ardından tavayı 180 derece döndürün. Fırın sıcaklığını 375 dereceye düşürün ve 20 dakika daha veya elmalar kızarana kadar pişirin. Tavada 5 dakika soğutun. Tavadan çıkarın ve tel ızgara üzerinde iyice soğutun.

SIR:

ı) Küçük bir tencerede reçel veya konserveleri eritin. Suyu ekleyin ve kuvvetlice karıştırarak kaynatın. Elmaların üzerine sır sürüp servis yapın.

71. Schiacciata

İÇİNDEKİLER:
- 4 su bardağı ekmek unu
- 2 çay kaşığı anlık maya
- 2 çay kaşığı tuz
- 1 ½ su bardağı ılık su
- Sızma zeytinyağı
- Kristal deniz tuzu
- İsteğe bağlı: Taze biberiye veya diğer otlar

TALİMATLAR:

a) Büyük bir karıştırma kabında ekmek ununu, hazır mayayı ve tuzu birleştirin. İyice karıştırın.

b) Ilık suyu yavaş yavaş kuru malzemelere ekleyin, bir kaşıkla veya ellerinizle yapışkan bir hamur oluşana kadar karıştırın.

c) Hamuru hafifçe unlanmış bir yüzeye aktarın ve hamur pürüzsüz ve elastik hale gelinceye kadar yaklaşık 5 dakika yoğurun.

ç) Yoğrulan hamuru hafif yağlanmış bir kaseye alıp üzerini temiz bir mutfak havlusu ile örtün ve ılık bir yerde yaklaşık 1-2 saat, yani hacmi iki katına çıkana kadar mayalanmaya bırakın.

d) Hamur mayalandıktan sonra yavaşça havasını alıp yağlı kağıt serili fırın tepsisine aktarın.

e) Ellerinizi kullanarak hamuru fırın tepsisine sığacak şekilde bastırıp uzatarak dikdörtgen veya oval bir şekil oluşturun. Hamur yaklaşık yarım santim kalınlığında olmalıdır.

f) Zeytinyağını hamurun yüzeyine cömertçe gezdirin ve ellerinizle eşit şekilde dağıtın.

g) Üzerine kaba deniz tuzunu serpin ve hamurun üzerine hafifçe bastırın.

ğ) İsteğe bağlı: İstenirse taze biberiye yapraklarını veya diğer bitkileri schiacciata'nın yüzeyine serpin.

h) Fırın tepsisini bir mutfak havlusuyla örtün ve hamurun 30 dakika daha kabarmasını bekleyin.

ı) Fırını önceden 220°C'ye (425°F) ısıtın.

i) Hamur yükseldiğinde, fırın tepsisini önceden ısıtılmış fırına yerleştirin ve yaklaşık 15-20 dakika veya schiacciata'nın kenarları altın rengi kahverengiye dönene ve çıtır çıtır olana kadar pişirin.

j) Schiacciata'yı fırından çıkarın ve dilimleyip servis etmeden önce tel ızgara üzerinde hafifçe soğumasını bekleyin.

72.Pane Di Altamura

İÇİNDEKİLER:

- 4 su bardağı durum buğdayı unu (Semola di grano duro rimacinata)
- 1 ½ su bardağı ılık su
- 2 çay kaşığı tuz
- 1 çay kaşığı şeker
- 2 çay kaşığı yaş maya (veya 1 çay kaşığı İnstant maya)
- Sızma zeytinyağı (yağlamak için)

TALİMATLAR:

a) Büyük bir karıştırma kabında durum buğdayı ununu, tuzu ve şekeri birleştirin. İyice karıştırın.
b) Yaş mayayı ılık suda eritin (ya da hazır maya kullanıyorsanız talimatları izleyin) ve köpürene kadar birkaç dakika bekletin.
c) Unlu karışımın ortasını havuz gibi açıp içine mayalı karışımı dökün.
ç) Yapışkan bir hamur oluşana kadar malzemeleri yavaş yavaş bir kaşıkla veya ellerinizle karıştırın.
d) Hamuru hafifçe unlanmış bir yüzeye aktarın ve pürüzsüz ve elastik hale gelinceye kadar yaklaşık 10 dakika yoğurun.
e) Hamuru yuvarlak top haline getirin ve hafifçe yağlanmış bir kaseye koyun. Kaseyi temiz bir mutfak havlusuyla örtün ve ılık bir yerde yaklaşık 2-3 saat veya hacmi iki katına çıkana kadar kabarmasını bekleyin.
f) Hamur mayalandıktan sonra yavaşça havasını alıp yağlı kağıt serili fırın tepsisine aktarın.
g) Hamuru yuvarlak veya oval bir somun haline getirerek pürüzsüz bir yüzey elde edin.
ğ) Keskin bir bıçak veya jilet kullanarak somunun üstüne çapraz çizgiler veya çapraz desen yapın.
h) Somunu temiz bir mutfak havlusuyla örtün ve 1-2 saat daha veya gözle görülür şekilde genişleyene kadar kabarmasını bekleyin.
ı) Fırını önceden 220°C'ye (425°F) ısıtın.
i) Somun kabardıktan sonra, önceden ısıtılmış fırına koyun ve yaklaşık 40-45 dakika veya ekmek altın-kahverengi bir kabuk oluşana ve tabanına vurulduğunda içi boş bir ses çıkarana kadar pişirin.
j) Pane di Altamura'yı fırından çıkarın ve dilimleyip servis etmeden önce tel ızgara üzerinde soğumasını bekleyin.

73.Bölme Casareccio

İÇİNDEKİLER:

- 4 su bardağı ekmek unu
- 2 çay kaşığı anlık maya
- 2 çay kaşığı tuz
- 1 ½ su bardağı ılık su
- Sızma zeytinyağı (yağlamak için)

TALİMATLAR:

a) Büyük bir karıştırma kabında ekmek ununu, hazır mayayı ve tuzu birleştirin. İyice karıştırın.
b) Ilık suyu yavaş yavaş kuru malzemelere ekleyin, bir kaşıkla veya ellerinizle hamur oluşana kadar karıştırın.
c) Hamuru hafifçe unlanmış bir yüzeye aktarın ve pürüzsüz ve elastik hale gelinceye kadar yaklaşık 10 dakika yoğurun.
ç) Hamuru yuvarlak top haline getirin ve hafifçe yağlanmış bir kaseye koyun. Kaseyi temiz bir mutfak havlusuyla örtün ve ılık bir yerde yaklaşık 1-2 saat veya hacmi iki katına çıkana kadar mayalanmaya bırakın.
d) Hamur mayalandıktan sonra yavaşça havasını alıp yağlı kağıt serili fırın tepsisine aktarın.
e) Hamuru yuvarlak veya oval bir somun haline getirerek ona rustik bir görünüm kazandırın. Ayrıca, bireysel boyutta somunlar yapmak için hamuru daha küçük porsiyonlara bölebilirsiniz.
f) Somunu temiz bir mutfak havlusuyla örtün ve 1-2 saat daha veya gözle görülür şekilde genişleyene kadar kabarmasını bekleyin.
g) Fırını önceden 220°C'ye (425°F) ısıtın.
ğ) İsteğe bağlı: Pişirmeden önce, dekoratif bir desen oluşturmak için somunun üst kısmına keskin bir bıçak veya jiletle hafifçe çizik atın.
h) Fırın tepsisini somunla birlikte önceden ısıtılmış fırına yerleştirin ve yaklaşık 30-35 dakika veya ekmek altın-kahverengi bir kabuk oluşana ve tabanına vurulduğunda içi boş bir ses çıkarana kadar pişirin.
ı) Pane Casareccio'yu fırından çıkarın ve dilimleyip servis etmeden önce tel ızgara üzerinde soğumasını bekleyin.

74.Bölme Toscano

İÇİNDEKİLER:

- 4 su bardağı ekmek unu
- 2 çay kaşığı anlık maya
- 1 ½ su bardağı ılık su
- Sızma zeytinyağı (yağlamak için)

TALİMATLAR:

a) Büyük bir karıştırma kabında ekmek ununu ve hazır mayayı birleştirin. İyice karıştırın.
b) Ilık suyu yavaş yavaş kuru malzemelere ekleyin, bir kaşıkla veya ellerinizle yapışkan bir hamur oluşana kadar karıştırın.
c) Hamuru hafifçe unlanmış bir yüzeye aktarın ve pürüzsüz ve elastik hale gelinceye kadar yaklaşık 10 dakika yoğurun.
ç) Hamuru yuvarlak top haline getirin ve hafifçe yağlanmış bir kaseye koyun. Kaseyi temiz bir mutfak havlusuyla örtün ve ılık bir yerde yaklaşık 1-2 saat veya hacmi iki katına çıkana kadar mayalanmaya bırakın.
d) Hamur mayalandıktan sonra yavaşça havasını alıp yağlı kağıt serili fırın tepsisine aktarın.
e) Hamuru yuvarlak veya oval bir somun haline getirerek ona rustik bir görünüm kazandırın.
f) Somunu temiz bir mutfak havlusuyla örtün ve 1-2 saat daha veya gözle görülür şekilde genişleyene kadar kabarmasını bekleyin.
g) Fırını önceden 220°C'ye (425°F) ısıtın.
ğ) İsteğe bağlı: Pişirmeden önce, dekoratif bir desen oluşturmak için somunun üst kısmına keskin bir bıçak veya jiletle hafifçe çizik atın.
h) Fırın tepsisini somunla birlikte önceden ısıtılmış fırına yerleştirin ve yaklaşık 30-35 dakika veya ekmek altın-kahverengi bir kabuk oluşana ve tabanına vurulduğunda içi boş bir ses çıkarana kadar pişirin.
ı) Pane Toscano'yu fırından çıkarın ve dilimleyip servis etmeden önce tel ızgara üzerinde soğumasını bekleyin.

75. Pane Di Semola

İÇİNDEKİLER:

- 4 su bardağı irmik unu
- 2 çay kaşığı anlık maya
- 2 çay kaşığı tuz
- 1 ½ su bardağı ılık su
- Sızma zeytinyağı (yağlamak için)

TALİMATLAR:

a) Büyük bir karıştırma kabında irmik ununu, hazır mayayı ve tuzu birleştirin. İyice karıştırın.

b) Ilık suyu yavaş yavaş kuru malzemelere ekleyin, bir kaşıkla veya ellerinizle yapışkan bir hamur oluşana kadar karıştırın.

c) Hamuru hafifçe unlanmış bir yüzeye aktarın ve pürüzsüz ve elastik hale gelinceye kadar yaklaşık 10 dakika yoğurun.

ç) Hamuru yuvarlak top haline getirin ve hafifçe yağlanmış bir kaseye koyun. Kaseyi temiz bir mutfak havlusuyla örtün ve ılık bir yerde yaklaşık 1-2 saat veya hacmi iki katına çıkana kadar mayalanmaya bırakın.

d) Hamur mayalandıktan sonra yavaşça havasını alıp yağlı kağıt serili fırın tepsisine aktarın.

e) Hamuru yuvarlak veya oval bir somun haline getirerek ona rustik bir görünüm kazandırın.

f) Somunu temiz bir mutfak havlusuyla örtün ve 1-2 saat daha veya gözle görülür şekilde genişleyene kadar kabarmasını bekleyin.

g) Fırını önceden 220°C'ye (425°F) ısıtın.

ğ) İsteğe bağlı: Pişirmeden önce, dekoratif bir desen oluşturmak için somunun üst kısmına keskin bir bıçak veya jiletle hafifçe çizik atın.

h) Fırın tepsisini somunla birlikte önceden ısıtılmış fırına yerleştirin ve yaklaşık 30-35 dakika veya ekmek altın-kahverengi bir kabuk oluşana ve tabanına vurulduğunda içi boş bir ses çıkarana kadar pişirin.

ı) Pane di Semola'yı fırından çıkarın ve dilimleyip servis etmeden önce tel ızgara üzerinde soğumasını bekleyin.

76.Pane Al Pomodoro

İÇİNDEKİLER:
- 4 su bardağı ekmek unu
- 2 çay kaşığı anlık maya
- 2 çay kaşığı tuz
- 250ml (1 su bardağı) ılık su
- 2 yemek kaşığı domates salçası veya püresi domates
- 2 yemek kaşığı sızma zeytinyağı
- Kekik, fesleğen veya kekik gibi kurutulmuş otlar (isteğe bağlı)

TALİMATLAR:

a) Büyük bir karıştırma kabında ekmek ununu, hazır mayayı ve tuzu birleştirin. İyice karıştırın.

b) Ayrı bir kapta domates salçasını veya püre haline getirilmiş domatesleri ılık suda iyice birleşene kadar eritin.

c) Kuru malzemelere domates-su karışımını ve zeytinyağını ekleyin. Yapışkan bir hamur oluşana kadar tahta bir kaşıkla veya hamur kancası takılı bir stand mikseriyle karıştırın.

ç) Hamuru hafifçe unlanmış bir yüzeye aktarın ve pürüzsüz ve elastik hale gelinceye kadar yaklaşık 10 dakika yoğurun.

d) Hamuru hafifçe yağlanmış bir kaseye alıp üzerini temiz bir mutfak havlusu ile örtün ve ılık bir yerde yaklaşık 1-2 saat, yani hacmi iki katına çıkana kadar mayalanmaya bırakın.

e) Hamur mayalandıktan sonra yavaşça havasını alıp yağlı kağıt serili fırın tepsisine aktarın.

f) Hamuru yuvarlak veya oval bir somun haline getirerek ona rustik bir görünüm kazandırın.

g) Somunu temiz bir mutfak havlusuyla örtün ve 1-2 saat daha veya gözle görülür şekilde genişleyene kadar kabarmasını bekleyin.

ğ) Fırını önceden 220°C'ye (425°F) ısıtın.

h) İsteğe bağlı: Pişirmeden önce, somunun üstünü zeytinyağıyla fırçalayın ve daha fazla lezzet ve aroma için üzerine kurutulmuş otlar serpin.

ı) Fırın tepsisini somunla birlikte önceden ısıtılmış fırına yerleştirin ve yaklaşık 30-35 dakika veya ekmek altın-kahverengi bir kabuk oluşana ve tabanına vurulduğunda içi boş bir ses çıkarana kadar pişirin.

i) Pane al Pomodoro'yu fırından çıkarın ve dilimleyip servis etmeden önce tel ızgara üzerinde soğumasını bekleyin.

77.Pane Alle Zeytin

İÇİNDEKİLER:

- 4 su bardağı ekmek unu
- 2 çay kaşığı anlık maya
- 2 çay kaşığı tuz
- 300 ml (1 ¼ su bardağı) ılık su
- 100 gr (¾ su bardağı) çekirdeği çıkarılmış siyah veya yeşil zeytin, doğranmış veya dilimlenmiş
- 2 yemek kaşığı sızma zeytinyağı

TALİMATLAR:

a) Büyük bir karıştırma kabında ekmek ununu, hazır mayayı ve tuzu birleştirin. İyice karıştırın.

b) Ilık suyu yavaş yavaş kuru malzemelere ekleyin, bir kaşıkla veya ellerinizle yapışkan bir hamur oluşana kadar karıştırın.

c) Kıyılmış veya dilimlenmiş zeytinleri hamura ekleyin ve eşit şekilde dağılıncaya kadar birkaç dakika yoğurun.

ç) Hamuru hafifçe unlanmış bir yüzeye aktarın ve pürüzsüz ve elastik hale gelinceye kadar yaklaşık 10 dakika yoğurmaya devam edin.

d) Hamuru hafifçe yağlanmış bir kaseye alıp üzerini temiz bir mutfak havlusu ile örtün ve ılık bir yerde yaklaşık 1-2 saat, yani hacmi iki katına çıkana kadar mayalanmaya bırakın.

e) Hamur mayalandıktan sonra yavaşça havasını alıp yağlı kağıt serili fırın tepsisine aktarın.

f) Hamuru yuvarlak veya oval bir somun şeklinde şekillendirin veya hamuru hafifçe düzleştirip uzatarak geleneksel bir "ciabatta" şekli oluşturabilirsiniz.

g) Somunu temiz bir mutfak havlusuyla örtün ve 1-2 saat daha veya gözle görülür şekilde genişleyene kadar kabarmasını bekleyin.

ğ) Fırını önceden 220°C'ye (425°F) ısıtın.

h) Somunun üstünü sızma zeytinyağıyla gezdirin.

ı) Fırın tepsisini somunla birlikte önceden ısıtılmış fırına yerleştirin ve yaklaşık 30-35 dakika veya ekmek altın-kahverengi bir kabuk oluşana ve tabanına vurulduğunda içi boş bir ses çıkarana kadar pişirin.

i) Pane alle Olive'i fırından çıkarın ve dilimleyip servis etmeden önce tel ızgara üzerinde soğumasını bekleyin.

78.Pane Alle Noci

İÇİNDEKİLER:

- 4 su bardağı ekmek unu
- 2 çay kaşığı anlık maya
- 2 çay kaşığı tuz
- 300 ml (1 ¼ su bardağı) ılık su
- 100 gr (1 su bardağı) ceviz, doğranmış
- 2 yemek kaşığı sızma zeytinyağı

TALİMATLAR:

a) Büyük bir karıştırma kabında ekmek ununu, hazır mayayı ve tuzu birleştirin. İyice karıştırın.

b) Ilık suyu yavaş yavaş kuru malzemelere ekleyin, bir kaşıkla veya ellerinizle yapışkan bir hamur oluşana kadar karıştırın.

c) Kıyılmış cevizleri hamura ekleyin ve eşit şekilde dağılıncaya kadar birkaç dakika yoğurun.

ç) Hamuru hafifçe unlanmış bir yüzeye aktarın ve pürüzsüz ve elastik hale gelinceye kadar yaklaşık 10 dakika yoğurmaya devam edin.

d) Hamuru hafifçe yağlanmış bir kaseye alıp üzerini temiz bir mutfak havlusu ile örtün ve ılık bir yerde yaklaşık 1-2 saat, yani hacmi iki katına çıkana kadar mayalanmaya bırakın.

e) Hamur mayalandıktan sonra yavaşça havasını alıp yağlı kağıt serili fırın tepsisine aktarın.

f) Hamuru yuvarlak veya oval bir somun haline getirin.

g) Somunu temiz bir mutfak havlusuyla örtün ve 1-2 saat daha veya gözle görülür şekilde genişleyene kadar kabarmasını bekleyin.

ğ) Fırını önceden 220°C'ye (425°F) ısıtın.

h) Somunun üstünü sızma zeytinyağıyla gezdirin.

ı) Fırın tepsisini somunla birlikte önceden ısıtılmış fırına yerleştirin ve yaklaşık 30-35 dakika veya ekmek altın-kahverengi bir kabuk oluşana ve tabanına vurulduğunda içi boş bir ses çıkarana kadar pişirin.

i) Pane alle Noci'yi fırından çıkarın ve dilimleyip servis etmeden önce tel ızgara üzerinde soğumasını bekleyin.

79. Pane Alle Erbe

İÇİNDEKİLER:

- 4 su bardağı ekmek unu
- 2 çay kaşığı anlık maya
- 2 çay kaşığı tuz
- 300 ml (1 ¼ su bardağı) ılık su
- 2 yemek kaşığı sızma zeytinyağı
- 2 yemek kaşığı karışık taze otlar (biberiye, kekik, fesleğen, kekik, maydanoz gibi), ince doğranmış

TALİMATLAR:

a) Büyük bir karıştırma kabında ekmek ununu, hazır mayayı ve tuzu birleştirin. İyice karıştırın.
b) Ilık suyu yavaş yavaş kuru malzemelere ekleyin, bir kaşıkla veya ellerinizle yapışkan bir hamur oluşana kadar karıştırın.
c) Kıyılmış taze otları hamura ekleyin ve eşit şekilde dağılıncaya kadar birkaç dakika yoğurun.
ç) Hamuru hafifçe unlanmış bir yüzeye aktarın ve pürüzsüz ve elastik hale gelinceye kadar yaklaşık 10 dakika yoğurmaya devam edin.
d) Hamuru hafifçe yağlanmış bir kaseye alıp üzerini temiz bir mutfak havlusu ile örtün ve ılık bir yerde yaklaşık 1-2 saat, yani hacmi iki katına çıkana kadar mayalanmaya bırakın.
e) Hamur mayalandıktan sonra yavaşça havasını alıp yağlı kağıt serili fırın tepsisine aktarın.
f) Hamuru yuvarlak veya oval bir somun haline getirin.
g) Somunu temiz bir mutfak havlusuyla örtün ve 1-2 saat daha veya gözle görülür şekilde genişleyene kadar kabarmasını bekleyin.
ğ) Fırını önceden 220°C'ye (425°F) ısıtın.
h) Somunun üstünü sızma zeytinyağıyla gezdirin.
ı) Fırın tepsisini somunla birlikte önceden ısıtılmış fırına yerleştirin ve yaklaşık 30-35 dakika veya ekmek altın-kahverengi bir kabuk oluşana ve tabanına vurulduğunda içi boş bir ses çıkarana kadar pişirin.
i) Pane alle Erbe'yi fırından çıkarın ve dilimleyip servis etmeden önce tel ızgara üzerinde soğumasını bekleyin.

80. Pane Di Riso

İÇİNDEKİLER:

- 1 su bardağı pişmiş pirinç
- 4 su bardağı ekmek unu
- 2 çay kaşığı anlık maya
- 2 çay kaşığı tuz
- 1 su bardağı ılık su
- 2 yemek kaşığı sızma zeytinyağı

TALİMATLAR:

a) Büyük bir karıştırma kabında ekmek ununu, hazır mayayı ve tuzu birleştirin. İyice karıştırın.
b) Pişmiş pirinci kuru malzemelere ekleyin ve eşit şekilde dağıtmak için karıştırın.
c) Karışıma yavaş yavaş ılık su ekleyin, bir kaşıkla veya ellerinizle yapışkan bir hamur oluşana kadar karıştırın.
ç) Hamuru hafifçe unlanmış bir yüzeye aktarın ve pürüzsüz ve elastik hale gelinceye kadar yaklaşık 10 dakika yoğurun.
d) Hamuru hafifçe yağlanmış bir kaseye alıp üzerini temiz bir mutfak havlusu ile örtün ve ılık bir yerde yaklaşık 1-2 saat, yani hacmi iki katına çıkana kadar mayalanmaya bırakın.
e) Hamur mayalandıktan sonra yavaşça havasını alıp yağlı kağıt serili fırın tepsisine aktarın.
f) Hamuru yuvarlak veya oval bir somun haline getirin.
g) Somunu temiz bir mutfak havlusuyla örtün ve 1-2 saat daha veya gözle görülür şekilde genişleyene kadar kabarmasını bekleyin.
ğ) Fırını önceden 220°C'ye (425°F) ısıtın.
h) Somunun üstünü sızma zeytinyağıyla gezdirin.
ı) Fırın tepsisini somunla birlikte önceden ısıtılmış fırına yerleştirin ve yaklaşık 30-35 dakika veya ekmek altın-kahverengi bir kabuk oluşana ve tabanına vurulduğunda içi boş bir ses çıkarana kadar pişirin.
i) Pane di Riso'yu fırından çıkarın ve dilimleyip servis etmeden önce tel ızgara üzerinde soğumasını bekleyin.

81.Pane Di Ceci

İÇİNDEKİLER:

- 1½ su bardağı nohut unu
- 1 ¾ su bardağı su
- 3 yemek kaşığı sızma zeytinyağı
- 1 çay kaşığı tuz
- Taze biberiye veya diğer otlar (isteğe bağlı)

TALİMATLAR:

a) Bir karıştırma kabında nohut unu ve suyu birleştirin. Karışım pürüzsüz ve topaksız hale gelinceye kadar iyice çırpın. Unun nemlenmesini sağlamak için en az 1 saat veya bir geceye kadar dinlenmeye bırakın.

b) Fırını önceden 220°C'ye (425°F) ısıtın ve ısıtmak için fırına büyük bir dökme demir tava veya pişirme kabı yerleştirin.

c) Dinlenme süresinden sonra nohut hamurunun üzerinde oluşmuş olabilecek köpükleri alın.

ç) Karışıma zeytinyağı ve tuzu ekleyip iyice karışana kadar çırpın.

d) Isıtılmış tavayı veya pişirme kabını fırından çıkarın ve hamuru dikkatlice içine dökün ve eşit şekilde yayın.

e) İstenirse hamurun üzerine taze biberiye veya başka otlar serpin.

f) Tavayı veya pişirme kabını tekrar fırına yerleştirin ve yaklaşık 20-25 dakika veya kenarları gevrek ve altın rengi kahverengi olana kadar pişirin.

g) Pane di Ceci'yi fırından çıkarın ve dilimler veya kareler halinde dilimlemeden önce birkaç dakika soğumasını bekleyin.

ğ) Garnitür, meze veya atıştırmalık olarak ılık veya oda sıcaklığında servis yapın.

82.Pane Di Patate

İÇİNDEKİLER:

- 2 ¼ bardak ekmek unu
- 1½ bardak pişmiş ve patates püresi
- 2 çay kaşığı anlık maya
- 2 çay kaşığı tuz
- 2 yemek kaşığı sızma zeytinyağı
- ⅔ su bardağı ılık su

TALİMATLAR:

a) Büyük bir karıştırma kabında ekmek ununu, hazır mayayı ve tuzu birleştirin. İyice karıştırın.
b) Patates püresini kuru malzemelere ekleyin ve birleşene kadar karıştırın.
c) Karışıma yavaş yavaş ılık su ve zeytinyağını ekleyin, bir kaşıkla veya elinizle yapışkan bir hamur oluşana kadar karıştırın.
ç) Hamuru hafifçe unlanmış bir yüzeye aktarın ve pürüzsüz ve elastik hale gelinceye kadar yaklaşık 10 dakika yoğurun.
d) Hamuru hafifçe yağlanmış bir kaseye alıp üzerini temiz bir mutfak havlusu ile örtün ve ılık bir yerde yaklaşık 1-2 saat, yani hacmi iki katına çıkana kadar mayalanmaya bırakın.
e) Hamur mayalandıktan sonra yavaşça havasını alıp yağlı kağıt serili fırın tepsisine aktarın.
f) Hamuru yuvarlak veya oval bir somun haline getirin.
g) Somunu temiz bir mutfak havlusuyla örtün ve 1-2 saat daha veya gözle görülür şekilde genişleyene kadar kabarmasını bekleyin.
ğ) Fırını önceden 220°C'ye (425°F) ısıtın.
h) Ekmeğin üst kısmına keskin bir bıçakla birkaç çizik atın.
ı) Fırın tepsisini somunla birlikte önceden ısıtılmış fırına yerleştirin ve yaklaşık 30-35 dakika veya ekmek altın-kahverengi bir kabuk oluşana ve tabanına vurulduğunda içi boş bir ses çıkarana kadar pişirin.
i) Pane di Patate'i fırından çıkarın ve dilimleyip servis etmeden önce tel ızgara üzerinde soğumasını bekleyin.

83.Taralli

İÇİNDEKİLER:
- 4 su bardağı çok amaçlı un
- 2 çay kaşığı tuz
- 2 çay kaşığı şeker
- 2 çay kaşığı kabartma tozu
- 120 ml (½ bardak) beyaz şarap
- 120ml (½ su bardağı) sızma zeytinyağı
- Su (gerektiği kadar)
- İsteğe bağlı tatlandırıcılar: rezene tohumu, karabiber, pul biber vb.

TALİMATLAR:

a) Büyük bir karıştırma kabında un, tuz, şeker ve kabartma tozunu birleştirin. İyice karıştırın.

b) Kuru malzemelere beyaz şarap ve zeytinyağını ekleyin. Malzemeler bir araya gelmeye başlayana kadar karıştırın.

c) Pürüzsüz ve hafif sert bir hamur elde edinceye kadar hamuru elinizle yoğururken, azar azar su ekleyin. İhtiyaç duyduğunuz su miktarı ortamınızın nemine göre değişiklik gösterebilir.

ç) İstenirse hamura rezene tohumu, karabiber veya pul biber gibi aromalar da ekleyebilirsiniz. Aromaların eşit şekilde dağılması için hamuru birkaç kez daha yoğurun.

d) Hamuru daha küçük parçalara bölün ve her parçayı yaklaşık 1 cm (0,4 inç) çapında ince bir ip halinde yuvarlayın.

e) İpi yaklaşık 7-10 cm (2,8-4 inç) uzunluğunda küçük parçalar halinde kesin.

f) Her bir parçayı alın ve uçlarını birleştirerek halka şekli oluşturun.

g) Fırını önceden 180°C'ye (350°F) ısıtın.

ğ) Büyük bir tencereye suyu kaynatın. Kaynayan suya bir avuç tuz ekleyin.

h) Kaynayan suya dikkatli bir şekilde birkaç Taralli atın ve yaklaşık 1-2 dakika veya yüzeye çıkana kadar pişirin.

ı) Delikli bir kaşık veya kepçe kullanarak, haşlanmış Taralli'yi sudan çıkarın ve parşömen kağıdıyla kaplı bir fırın tepsisine aktarın.

i) Taralli'yi önceden ısıtılmış fırına yerleştirin ve yaklaşık 25-30 dakika veya altın rengi kahverengi ve gevrek oluncaya kadar pişirin.

j) Taralli'yi fırından çıkarın ve servis yapmadan önce tamamen soğumasını bekleyin.

TÜRK EKMEK

84. Simit

İÇİNDEKİLER:
- 4 su bardağı çok amaçlı un
- 1 yemek kaşığı aktif kuru maya
- 1 yemek kaşığı şeker
- 1 çay kaşığı tuz
- 1 yemek kaşığı bitkisel yağ
- 1 ½ su bardağı ılık su
- ½ su bardağı pekmez (üzerine sürmek için)
- 1 su bardağı susam (kaplama için)

TALİMATLAR:

a) Küçük bir kapta ılık su, şeker ve mayayı birleştirin. Köpük haline gelinceye kadar yaklaşık 5 dakika bekletin.

b) Büyük bir karıştırma kabında un ve tuzu birleştirin. Ortasını havuz şeklinde açıp maya karışımını ve bitkisel yağı dökün. Sert bir hamur oluşuncaya kadar tahta kaşıkla veya elinizle karıştırın.

c) Hamuru unlu bir yüzeye aktarın ve pürüzsüz ve elastik hale gelinceye kadar yaklaşık 8-10 dakika yoğurun. Eğer hamur çok cıvık olursa biraz daha un ekleyebilirsiniz.

ç) Hamuru yağlanmış bir kaba alıp üzerini nemli bir bezle örtün. Sıcak bir yerde 1-2 saat kadar, hacmi iki katına çıkana kadar mayalandırın.

d) Fırınınızı 220°C'ye (425°F) önceden ısıtın. Bir fırın tepsisini parşömen kağıdıyla hizalayın.

e) Yükselen hamuru yumruklayın ve tenis topu büyüklüğünde daha küçük parçalara bölün. Her bir parçayı alın ve yaklaşık 18 inç uzunluğunda ince bir ip halinde yuvarlayın.

f) Halatı bir daire şeklinde şekillendirin, uçları hafifçe üst üste bindirin ve mühürlemek için bunları birlikte bükün. Kalan hamur kısımlarıyla aynı işlemi tekrarlayın.

g) Pekmezi sığ bir kaseye dökün. Her bir simiti pekmeze batırın ve eşit şekilde kaplanmasını sağlayın.

ğ) Susam tohumlarını düz bir tabağa yayın. Pekmezli simitleri susamın içinde yuvarlayın, hamura yapışmasını sağlamak için hafifçe bastırın.

h) Kaplanmış simitleri hazırlanan fırın tepsisine yerleştirin. Yaklaşık 10-15 dakika dinlenmelerine izin verin.

ı) Simitleri önceden ısıtılmış fırında yaklaşık 15-20 dakika veya altın rengi oluncaya kadar pişirin.

i) Fırından çıkarıp tel ızgara üzerinde soğumaya bırakın.

85.Ekmek

İÇİNDEKİLER:

- 4 su bardağı ekmek unu
- 2 çay kaşığı anlık maya
- 2 çay kaşığı tuz
- 2 bardak ılık su

TALİMATLAR:

a) Büyük bir karıştırma kabında ekmek ununu, hazır mayayı ve tuzu birleştirin.

b) Tahta kaşıkla veya elinizle karıştırarak ılık suyu azar azar ekleyin. Hamur toparlanmaya başlayıncaya kadar karıştırmaya devam edin.

c) Hamuru unlu bir yüzeye aktarın ve pürüzsüz ve elastik hale gelinceye kadar yaklaşık 10-15 dakika yoğurun. Eğer hamur çok cıvık olursa yoğurma işlemi sırasında biraz daha un ekleyebilirsiniz.

ç) Yoğrulan hamuru tekrar karıştırma kabına alıp üzerini nemli bir bezle örtün. Sıcak bir yerde yaklaşık 1-2 saat veya hacmi iki katına çıkana kadar mayalandırın.

d) Fırınınızı 230°C'ye (450°F) önceden ısıtın. Bir fırın taşınız veya fırın tepsisiniz varsa, onu da önceden ısıtmak için fırına koyun.

e) Hamur kabardıktan sonra hava kabarcıklarının çıkması için hafifçe vurun. Hamuru unlanmış bir yüzeye aktarın ve yuvarlak veya oval bir somun şekline getirin.

f) Şekil verilen hamuru bir fırın tepsisine veya önceden ısıtılmış bir fırın taşının üzerine yerleştirin. Keskin bir bıçakla somunun üstüne birkaç çapraz eğik çizgi yapın.

g) Ekmeği önceden ısıtılmış fırında yaklaşık 20-25 dakika veya altın rengi kahverengi olana ve altına dokunulduğunda içi boş bir ses çıkana kadar pişirin.

ğ) Ekmeği fırından çıkarın ve dilimleyip servis etmeden önce tel ızgara üzerinde soğumasını bekleyin.

86.Lahmacun

İÇİNDEKİLER:

HAMUR İÇİN:
- 2 ½ su bardağı çok amaçlı un
- 1 çay kaşığı tuz
- 1 çay kaşığı anlık maya
- 1 çay kaşığı şeker
- 1 yemek kaşığı zeytinyağı
- ¾ bardak ılık su

ÜSTÜ İÇİN:
- ½ pound kıyma kuzu veya dana eti
- 1 soğan, ince doğranmış
- 2 domates, ince doğranmış
- 1 kırmızı dolmalık biber, ince doğranmış
- 3 diş sarımsak, kıyılmış
- 2 yemek kaşığı domates salçası
- 2 yemek kaşığı zeytinyağı
- 2 yemek kaşığı limon suyu
- 2 çay kaşığı öğütülmüş kimyon
- 1 çay kaşığı kırmızı biber
- 1 çay kaşığı kurutulmuş kekik
- Tatmak için biber ve tuz

TALİMATLAR:

a) Bir karıştırma kabında un, tuz, hazır maya ve şekeri birleştirin. Zeytinyağı ve ılık suyu ekleyin. Hamur bir araya gelinceye kadar iyice karıştırın.

b) Hamuru unlu bir yüzeye aktarın ve pürüzsüz ve elastik hale gelinceye kadar yaklaşık 5-7 dakika yoğurun. Hamuru tekrar kaseye koyun, üzerini nemli bir bezle örtün ve yaklaşık 30 dakika dinlendirin.

c) Bu arada üst karışımını hazırlayın. Ayrı bir kapta kıymayı, ince doğranmış soğanı, domatesi, kırmızı dolmalık biberi, kıyılmış sarımsağı, domates salçasını, zeytinyağını, limon suyunu, öğütülmüş kimyonu, kırmızı biberi, kurutulmuş kekik, tuz ve karabiberi birleştirin. Tüm malzemeleri birleştirmek için iyice karıştırın.

ç) Fırınınızı en yüksek sıcaklık ayarına (genellikle 500°F veya 260°C civarında) önceden ısıtın.

d) Hamuru daha küçük porsiyonlara bölün. Her defasında bir porsiyon alın ve yaklaşık 8-10 inç çapında ince, yuvarlak bir şekle getirin. Açılan hamuru fırın tepsisine veya pizza taşının üzerine yerleştirin.

e) Kenarlarda küçük bir kenarlık bırakarak, hamurun üzerine ince bir katman karışımını eşit şekilde yayın.

f) İşlemi kalan hamur kısımları ve tepesi karışımı ile tekrarlayın.

g) Hazırlanan lahmacunu önceden ısıtılmış fırına koyun ve yaklaşık 8-10 dakika veya hamurun kenarları altın rengine dönene ve üzeri tamamen pişene kadar pişirin.

ğ) Lahmacunu fırından çıkarın ve dilimlemeden önce birkaç dakika soğumasını bekleyin. Geleneksel olarak sarılarak limon suyu ve taze maydanozla servis edilir.

87.Bazlama

İÇİNDEKİLER:
- 4 su bardağı çok amaçlı un
- 2 çay kaşığı anlık maya
- 1 çay kaşığı şeker
- 1 çay kaşığı tuz
- 1 ½ su bardağı ılık su
- 2 yemek kaşığı zeytinyağı

TALİMATLAR:
a) Küçük bir kapta ılık su, şeker ve hazır mayayı birleştirin. Köpük haline gelinceye kadar yaklaşık 5 dakika bekletin.
b) Büyük bir karıştırma kabında un ve tuzu birleştirin. Ortasını havuz şeklinde açıp maya karışımını ve zeytinyağını dökün. Yumuşak bir hamur oluşuncaya kadar tahta kaşıkla veya elinizle karıştırın.
c) Hamuru unlu bir yüzeye aktarın ve pürüzsüz ve elastik hale gelinceye kadar yaklaşık 5-7 dakika yoğurun. Eğer hamur çok cıvık olursa yoğurma işlemi sırasında biraz daha un ekleyebilirsiniz.
ç) Yoğrulan hamuru tekrar karıştırma kabına alıp üzerini nemli bir bezle örtün. Sıcak bir yerde yaklaşık 1-2 saat veya hacmi iki katına çıkana kadar mayalandırın.
d) Hamur yükseldiğinde, hava kabarcıklarını çıkarmak için hamuru aşağı doğru bastırın. İstenilen bazlama büyüklüğüne göre hamuru eşit büyüklükte porsiyonlara bölün.
e) Hamurdan bir parça alıp yuvarlak veya oval şekilde, yarım santim kalınlığında açın. Kalan hamur kısımlarıyla aynı işlemi tekrarlayın.
f) Bir ızgarayı veya büyük yapışmaz tavayı orta ateşte ısıtın. Açılan hamuru ısıtılmış yüzeye yerleştirin ve her iki tarafını da yaklaşık 2-3 dakika veya hafifçe kabarıp altın kahverengi lekeler oluşana kadar pişirin.
g) Pişen bazlamayı tavadan veya tavadan çıkarıp temiz bir mutfak havlusuna sarıp sıcak ve yumuşak kalmasını sağlayın. İşlemi kalan hamur kısımlarıyla tekrarlayın.

88.Sıraklı Ekmek

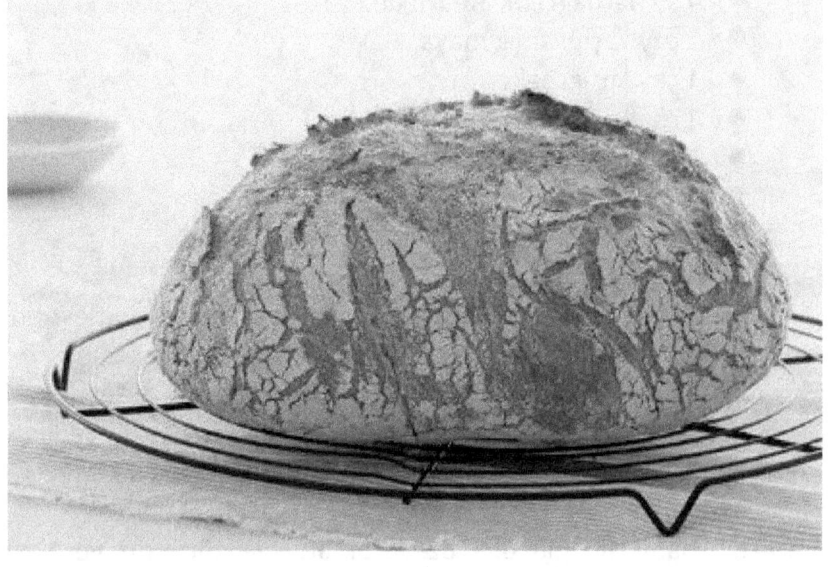

İÇİNDEKİLER:
- 4 su bardağı çok amaçlı un
- 2 çay kaşığı anlık maya
- 1 çay kaşığı şeker
- 1 çay kaşığı tuz
- 1 ½ su bardağı ılık su
- 2 yemek kaşığı zeytinyağı
- Susam tohumları (isteğe bağlı, üzeri için)
- Tahta şişler (yanmayı önlemek için önceden suya batırılmış)

TALİMATLAR:

a) Küçük bir kapta ılık su, şeker ve hazır mayayı birleştirin. Köpük haline gelinceye kadar yaklaşık 5 dakika bekletin.

b) Büyük bir karıştırma kabında un ve tuzu birleştirin. Ortasını havuz şeklinde açıp maya karışımını ve zeytinyağını dökün. Yumuşak bir hamur oluşuncaya kadar tahta kaşıkla veya elinizle karıştırın.

c) Hamuru unlu bir yüzeye aktarın ve pürüzsüz ve elastik hale gelinceye kadar yaklaşık 5-7 dakika yoğurun. Eğer hamur çok cıvık olursa yoğurma işlemi sırasında biraz daha un ekleyebilirsiniz.

ç) Yoğrulan hamuru tekrar karıştırma kabına alıp üzerini nemli bir bezle örtün. Sıcak bir yerde yaklaşık 1-2 saat veya hacmi iki katına çıkana kadar mayalandırın.

d) Hamur yükseldiğinde, hava kabarcıklarını çıkarmak için hamuru aşağı doğru bastırın. Hamuru eşit büyüklükte porsiyonlara bölün.

e) Hamurun bir kısmını alıp uzun ve ince bir dikdörtgen şeklinde, yaklaşık ⅛ inç kalınlığında açın.

f) Açılan hamuru önceden ıslatılmış tahta şişin etrafına bir ucundan başlayıp diğer ucuna kadar spiral şeklinde dikkatlice sarın. Hamurun uçlarını şişin üzerine sabitlemek için sıkıca bastırın.

g) İşlemi kalan hamur parçaları ve şişlerle tekrarlayın.

ğ) Bir ızgarayı veya kömür ateşini orta-yüksek ısıya ısıtın.

h) Şiş hamurunu ızgaraya veya kömür ateşinin üzerine yerleştirin ve eşit pişmesini sağlamak için ara sıra döndürün. Yaklaşık 5-7 dakika veya ekmek altın rengi kahverengi ve gevrek oluncaya kadar pişirin.

ı) Sırıklı ekmeği piştikten sonra şişlerden çıkarın ve istenirse ekmeğin üzerine susam serpin.

89. Lavaş

İÇİNDEKİLER:
- 4 su bardağı çok amaçlı un
- 1 çay kaşığı tuz
- 1 ½ su bardağı ılık su
- 2 yemek kaşığı zeytinyağı
- Toz alma için ekstra un

TALİMATLAR:

a) Büyük bir karıştırma kabında un ve tuzu birleştirerek ortasında bir havuz oluşturun. Diğer malzemeleri buraya dökeceksiniz.

b) Kuyuya ılık su ve zeytinyağını dökün. Islak malzemeleri tahta kaşıkla veya elinizle yavaş yavaş unun içine karıştırın.

c) Sert bir hamur oluşuncaya kadar karıştırmaya devam edin. Çok kuru geliyorsa biraz daha su ekleyin; Çok yapışkan geliyorsa az miktarda un serpin.

ç) Hamuru temiz, unlanmış bir yüzeye aktarın ve yoğurmaya başlayın. Hamuru kendinizden uzağa itmek için elinizin topuğunu kullanın, ardından kendinize doğru katlayın ve tekrarlayın. Hamur pürüzsüz ve elastik hale gelinceye kadar yaklaşık 5-7 dakika yoğurmaya devam edin.

d) Yoğrulan hamuru tekrar karıştırma kabına alıp üzerini nemli bir bezle örtün. Hamurun yaklaşık 30 dakika dinlenmesine izin verin, böylece rahatlamasına ve işlenmesi daha kolay hale gelmesine izin verin.

e) Yapışmaz bir tavayı veya ızgarayı orta ateşte önceden ısıtın.

f) Dinlenen hamuru daha küçük porsiyonlara ayırın. Her seferinde bir parça alıp ince, yuvarlak bir şekil verin. Yapışmayı önlemek için hamuru gerektiği kadar unla hafifçe tozlayın.

g) Açılan hamuru önceden ısıtılmış tavaya veya ızgaraya dikkatlice aktarın. Her iki tarafını da yaklaşık 1-2 dakika veya ekmek kabarıp açık kahverengi lekeler oluşana kadar pişirin. Kalan hamur kısımlarıyla aynı işlemi tekrarlayın.

ğ) Her lavaş ekmeği piştikçe sıcak ve esnek kalması için temiz bir mutfak havlusunun üzerine istifleyin.

h) Taze pişmiş lavaş ekmeğini ister dilediğiniz iç malzemeye sararak, ister dip sos, kebap veya diğer yemeklerin yanında sıcak olarak servis edin.

90.Acı Ekmeği

İÇİNDEKİLER:
- 4 su bardağı çok amaçlı un
- 2 çay kaşığı anlık maya
- 1 çay kaşığı tuz
- 1 yemek kaşığı şeker
- 1 yemek kaşığı öğütülmüş kimyon
- 1 yemek kaşığı kırmızı biber
- 1 çay kaşığı pul biber (damak tadınıza göre ayarlayın)
- 1 çay kaşığı kurutulmuş kekik
- 1 çay kaşığı sarımsak tozu
- 1 bardak ılık su
- 3 yemek kaşığı zeytinyağı
- Toz alma için ekstra un

TALİMATLAR:

a) Büyük bir karıştırma kabında un, hazır maya, tuz, şeker, kimyon, kırmızı biber, pul biber, kurutulmuş kekik ve sarımsak tozunu birleştirin. Baharatların eşit şekilde dağılması için iyice karıştırın.

b) Kuru malzemelerin ortasına bir havuz açın ve ılık su ve zeytinyağını dökün.

c) Yapışkan bir hamur oluşana kadar ıslak ve kuru malzemeleri tahta kaşıkla veya ellerinizle yavaş yavaş karıştırın.

ç) Hamuru hafifçe unlanmış bir yüzeye aktarın ve hamur pürüzsüz ve elastik hale gelinceye kadar yaklaşık 5-7 dakika yoğurun. Hamur çok yapışkansa yoğurma işlemi sırasında biraz daha un ekleyin.

d) Yoğurduğunuz hamuru tekrar karıştırma kabına alıp üzerini nemli bir bezle örtün ve ılık bir yerde yaklaşık 1-2 saat veya hacmi iki katına çıkana kadar mayalanmaya bırakın.

e) Fırınınızı 220°C'ye (425°F) önceden ısıtın. Bir fırın tepsisini parşömen kağıdıyla hizalayın.

f) Hamur yükseldiğinde, hava kabarcıklarını çıkarmak için hamuru aşağı doğru bastırın. Hamuru unlanmış bir yüzeye aktarın ve eşit büyüklükte porsiyonlara bölün.

g) Hamurun bir kısmını alıp yuvarlak veya oval bir somun şekline getirin. Hazırlanan fırın tepsisine yerleştirin. Her somun arasında biraz boşluk bırakarak kalan hamur porsiyonlarıyla aynı işlemi tekrarlayın.

ğ) Keskin bir bıçak kullanarak somunların üst kısımlarını çapraz şekilde çizin.

h) Acı Ekmeği önceden ısıtılmış fırında yaklaşık 15-20 dakika veya ekmek altın sarısı bir renk alana ve altına vurulduğunda içi boş bir ses çıkana kadar pişirin.

ı) Piştikten sonra ekmeği fırından çıkarın ve tel ızgara üzerinde soğumaya bırakın.

91.Peksimet

İÇİNDEKİLER:

- Bayat ekmek dilimleri
- Bal, üzüm pekmezi veya pekmez (isteğe bağlı)
- Susam veya tarçın (isteğe bağlı)

TALİMATLAR:

a) Fırınınızı genellikle 93°C (200°F) civarındaki en düşük sıcaklık ayarına kadar önceden ısıtın.

b) Bayat ekmekleri ince dilimleyin. Bunları kare veya dikdörtgen gibi istediğiniz herhangi bir şekilde kesebilirsiniz.

c) Ekmek dilimlerini bir fırın tepsisine tek kat halinde, üst üste gelmemelerine dikkat ederek yerleştirin. Ekmek miktarına bağlı olarak birden fazla fırın tepsisine veya gruplar halinde pişirmeye ihtiyacınız olabilir.

ç) Fırın tepsilerini önceden ısıtılmış fırına yerleştirin ve ekmek dilimlerini yaklaşık 2-3 saat veya tamamen kuru ve gevrek hale gelinceye kadar pişirin. Ekmeğin kalınlığına ve istediğiniz çıtırlık seviyesine göre pişme süresi değişebilir.

d) Ekmek dilimleri kuruyup çıtır hale geldikten sonra fırından çıkarın ve tamamen soğumasını bekleyin.

e) Bu noktada sade peksimetin tadını dilerseniz olduğu gibi dilerseniz de tatlandırıcılar ekleyerek çıkarabilirsiniz. Biraz tatlılık katmak için peksimetin üzerine henüz sıcakken bal, üzüm pekmezi veya pekmez sürebilirsiniz.

f) Alternatif olarak peksimetin üzerine daha fazla lezzet katmak için susam veya tarçın serpebilirsiniz.

g) Peksimet'i hava geçirmez bir kapta saklamadan önce tamamen soğumasını ve kurumasını bekleyin. Soğudukça daha da çıtır olacaklar.

92.Cevizli Ekmek

İÇİNDEKİLER:
- 4 su bardağı çok amaçlı un
- 2 çay kaşığı anlık maya
- 1 çay kaşığı tuz
- 1 yemek kaşığı şeker
- 1 ½ su bardağı ılık su
- ½ su bardağı kıyılmış ceviz
- Toz alma için ekstra un

TALİMATLAR:
a) Büyük bir karıştırma kabında un, hazır maya, tuz ve şekeri birleştirin. Kuru malzemeleri eşit şekilde dağıtmak için iyice karıştırın.
b) Kuru karışımın ortasına bir havuz açın ve ılık suyu dökün. Karışım bir araya gelmeye başlayana kadar karıştırın.
c) Hamuru temiz, unlanmış bir yüzeye aktarın ve hamur pürüzsüz ve elastik hale gelinceye kadar yaklaşık 5-7 dakika yoğurun.
ç) Yapışmayı önlemek için gerekirse daha fazla un ekleyin.
d) Hamur iyice yoğrulduktan sonra tekrar karıştırma kabına alın. Kaseyi nemli bir bezle örtün ve hamuru ılık bir yerde yaklaşık 1-2 saat veya hacmi iki katına çıkana kadar mayalandırın.
e) Fırınınızı 220°C'ye (425°F) önceden ısıtın. Bir fırın tepsisini parşömen kağıdıyla hizalayın.
f) Hamur yükseldiğinde, hava kabarcıklarını çıkarmak için hamuru aşağı doğru bastırın. Hamuru unlanmış bir yüzeye aktarın ve dikdörtgen veya oval şekilde düzleştirin.
g) Kıyılmış cevizleri hamurun yüzeyine eşit şekilde serpin. Cevizleri hamurun içine yavaşça bastırarak yapışmasını sağlayın.
ğ) Hamuru bir ucundan sıkıca yuvarlayarak, içi cevizli kütük şekli oluşturun. Dikişleri ve uçları mühürlemek için sıkıştırın.
h) Şekil verdiğiniz hamurları hazırlanan fırın tepsisine yerleştirin. Üzerini temiz bir bezle örtüp 15-20 dakika kadar dinlendirin.
ı) Cevizli Ekmeği önceden ısıtılmış fırında yaklaşık 25-30 dakika veya ekmek altın rengi kahverengi olana ve altına dokunulduğunda içi boş bir ses çıkana kadar pişirin.
i) Pişirdikten sonra ekmeği fırından çıkarın ve dilimleyip servis etmeden önce tel ızgara üzerinde soğumasını bekleyin.

93.Yufka

İÇİNDEKİLER:

- 4 su bardağı çok amaçlı un
- 1 çay kaşığı tuz
- 1 ½ su bardağı ılık su
- 2 yemek kaşığı zeytinyağı
- Toz alma için ekstra un

TALİMATLAR:

a) Büyük bir karıştırma kabında un ve tuzu birleştirin. Merkezde bir kuyu oluşturun.

b) Kuyuya ılık su ve zeytinyağını dökün. Islak malzemeleri tahta kaşıkla veya elinizle yavaş yavaş unun içine karıştırın.

c) Sert bir hamur oluşuncaya kadar karıştırmaya devam edin. Çok kuru geliyorsa biraz daha su ekleyin; Çok yapışkan geliyorsa az miktarda un serpin.

ç) Hamuru temiz, unlanmış bir yüzeye aktarın ve hamur pürüzsüz ve elastik hale gelinceye kadar yaklaşık 5-7 dakika yoğurun.

d) Yoğrulan hamuru daha küçük porsiyonlara bölün. Her parçayı top haline getirin ve üzerini nemli bir bezle örtün. Gluteni rahatlatmak için yaklaşık 15-20 dakika dinlendirin.

e) Dinlendikten sonra bir hamur topu alıp elinizle düzleştirerek küçük bir disk oluşturun.

f) Çalışma yüzeyini unla tozlayın ve hamur diskini mümkün olduğu kadar ince açın. Eşit kalınlık sağlamak için hamuru sık sık döndürün ve çevirin.

g) Yuvarlandıktan sonra yufkayı dikkatlice kaldırın ve hafifçe kuruması için temiz, kuru bir bez veya fırın tepsisine koyun. İşlemi kalan hamur toplarıyla tekrarlayın.

ğ) Yufkanın yaklaşık 10-15 dakika veya artık dokunulduğunda yapışkan olmayana kadar kurumasını bekleyin.

h) Yapışmaz bir tavayı veya ızgarayı orta ateşte ısıtın. Her bir yufkanın her iki tarafını da yaklaşık 1-2 dakika veya açık altın kahverengi lekeler oluşana kadar pişirin.

ı) Her yufka piştikçe sıcak ve esnek kalmaları için temiz bir mutfak havlusunun üzerine koyun.

94.Pide Ekmek

İÇİNDEKİLER:
- 4 su bardağı çok amaçlı un
- 2 çay kaşığı anlık maya
- 2 çay kaşığı şeker
- 2 çay kaşığı tuz
- 2 yemek kaşığı zeytinyağı
- 1 ½ su bardağı ılık su
- İsteğe bağlı malzemeler: susam tohumları, çörek otu tohumları veya istenen diğer malzemeler

TALİMATLAR:

a) Küçük bir kapta ılık su, şeker ve hazır mayayı birleştirin. İyice karıştırın ve yaklaşık 5-10 dakika veya karışım köpüklü hale gelinceye kadar bekletin.

b) Büyük bir karıştırma kabında un ve tuzu birleştirin. Ortasını havuz şeklinde açıp maya karışımını ve zeytinyağını dökün.

c) Unu yavaş yavaş sıvıya ekleyin, bir kaşıkla veya ellerinizle hamur oluşana kadar karıştırın.

ç) Hamuru unlu bir yüzeye aktarın ve yaklaşık 10 dakika veya pürüzsüz ve elastik hale gelinceye kadar yoğurun. Yapışmayı önlemek için gerekirse daha fazla un ekleyin, ancak ekmeğin yoğunlaşmasına neden olabileceğinden çok fazla eklemekten kaçının.

d) Hamuru hafifçe yağlanmış bir kaseye koyun, üzerini nemli bir bezle veya streç filmle örtün ve ılık bir yerde yaklaşık 1-2 saat veya hacmi iki katına çıkana kadar mayalanmaya bırakın.

e) Fırınınızı önceden 245°C'ye (475°F) ısıtın ve fırın tepsisini parşömen kağıdıyla kaplayın.

f) Yükselen hamuru hava kabarcıklarını çıkaracak şekilde yumruklayın ve 4 eşit parçaya bölün. Her parçayı yaklaşık 1 cm (½ inç) kalınlığında uzun oval bir şekle sokun.

g) Şekil verilen pide ekmeklerini hazırlanan fırın tepsisine dizin. İstenirse, üst kısımları zeytinyağı ile yağlayabilir ve susam, çörek otu tohumu veya istediğiniz diğer malzemeleri serpebilirsiniz.

ğ) Pide ekmeklerini önceden ısıtılmış fırında yaklaşık 12-15 dakika, yani üzeri altın rengine dönüp hafif bir kabuk oluşana kadar pişirin.

h) Pide ekmeklerini fırından çıkarın ve servis yapmadan önce birkaç dakika soğumasını bekleyin.

95.Vakfıkebir Ekmeği

İÇİNDEKİLER:
- 4 su bardağı ekmek unu
- 2 çay kaşığı anlık maya
- 2 çay kaşığı şeker
- 2 çay kaşığı tuz
- 2 yemek kaşığı zeytinyağı
- 1 ½ su bardağı ılık su

TALİMATLAR:

a) Küçük bir kapta ılık su, şeker ve hazır mayayı birleştirin. İyice karıştırın ve yaklaşık 5-10 dakika veya karışım köpüklü hale gelinceye kadar bekletin.

b) Büyük bir karıştırma kabında ekmek ununu ve tuzu birleştirin. Ortasını havuz şeklinde açıp maya karışımını ve zeytinyağını dökün.

c) Unu yavaş yavaş sıvıya ekleyin, bir kaşıkla veya ellerinizle tüylü bir hamur oluşana kadar karıştırın.

ç) Hamuru unlu bir yüzeye aktarın ve yaklaşık 10 dakika veya pürüzsüz ve elastik hale gelinceye kadar yoğurun. Yapışmayı önlemek için gerekirse daha fazla un ekleyin, ancak ekmeğin yoğunlaşmasına neden olabileceğinden çok fazla eklemekten kaçının.

d) Hamuru hafifçe yağlanmış bir kaseye koyun, üzerini nemli bir bezle veya streç filmle örtün ve ılık bir yerde yaklaşık 1-2 saat veya hacmi iki katına çıkana kadar mayalanmaya bırakın.

e) Fırınınızı 220°C'ye (425°F) önceden ısıtın ve önceden ısıtmak için fırına bir fırın taşı veya fırın tepsisi yerleştirin.

f) Hava kabarcığı kalmaması için kabaran hamuru yumruklayın ve yuvarlak veya oval bir somun şekline getirin. Somunu parşömen kağıdıyla kaplı bir fırın tepsisine yerleştirin.

g) Hamurun üzerini nemli bir bezle örtüp 15-20 dakika kadar dinlenmeye bırakın.

ğ) Bezi çıkarın ve keskin bir bıçak veya topal ekmek kullanarak somunun üst kısmına birkaç çapraz çizgi çizin.

h) Fırın tepsisini somunla birlikte fırında önceden ısıtılmış fırın taşının veya fırın tepsisinin üzerine dikkatlice aktarın.

ı) Ekmeği yaklaşık 30-35 dakika veya kabuk altın rengi kahverengiye dönene ve altına dokunulduğunda oyuk bir ses çıkana kadar pişirin.

i) Ekmeği fırından çıkarın ve dilimleyip servis etmeden önce tel ızgara üzerinde soğumasını bekleyin.

96.Karadeniz Yöresi Ekmeği

İÇİNDEKİLER:

- 4 su bardağı ekmek unu
- 2 çay kaşığı anlık maya
- 2 çay kaşığı şeker
- 2 çay kaşığı tuz
- 2 yemek kaşığı zeytinyağı veya ayçiçek yağı
- 1 ½ su bardağı ılık su

TALİMATLAR:

a) Küçük bir kapta ılık su, şeker ve hazır mayayı birleştirin. İyice karıştırın ve yaklaşık 5-10 dakika veya karışım köpüklü hale gelinceye kadar bekletin.

b) Büyük bir karıştırma kabında ekmek ununu ve tuzu birleştirin. Ortasını havuz şeklinde açıp maya karışımını ve zeytinyağını dökün.

c) Unu yavaş yavaş sıvıya ekleyin, bir kaşıkla veya ellerinizle tüylü bir hamur oluşana kadar karıştırın.

ç) Hamuru unlu bir yüzeye aktarın ve yaklaşık 10 dakika veya pürüzsüz ve elastik hale gelinceye kadar yoğurun. Yapışmayı önlemek için gerekirse daha fazla un ekleyin, ancak ekmeğin yoğunlaşmasına neden olabileceğinden çok fazla eklemekten kaçının.

d) Hamuru hafifçe yağlanmış bir kaseye koyun, üzerini nemli bir bezle veya streç filmle örtün ve ılık bir yerde yaklaşık 1-2 saat veya hacmi iki katına çıkana kadar mayalanmaya bırakın.

e) Fırınınızı 220°C'ye (425°F) önceden ısıtın ve önceden ısıtmak için fırına bir fırın taşı veya fırın tepsisi yerleştirin.

f) Hava kabarcığı kalmaması için kabaran hamuru yumruklayın ve yuvarlak veya oval bir somun şekline getirin. Hamuru küçük parçalara bölüp uçları sivri uzun şekillere sokarak da geleneksel Karadeniz Yöresi Ekmeği haline getirebilirsiniz.

g) Şekil verdiğiniz hamuru yağlı kağıt serili fırın tepsisine dizin.

ğ) Hamurun üzerini nemli bir bezle örtüp 15-20 dakika kadar dinlenmeye bırakın.

h) Bezi çıkarın ve keskin bir bıçak veya ekmek tostu kullanarak somunun üst kısmına birkaç çapraz çizgi çizin veya isterseniz bir desen oluşturun.

ı) Fırın tepsisini somunla birlikte fırında önceden ısıtılmış fırın taşının veya fırın tepsisinin üzerine dikkatlice aktarın.

i) Ekmeği yaklaşık 30-35 dakika veya kabuk altın rengi kahverengiye dönene ve altına dokunulduğunda oyuk bir ses çıkana kadar pişirin.

j) Ekmeği fırından çıkarın ve dilimleyip servis etmeden önce tel ızgara üzerinde soğumasını bekleyin.

97.Köy Ekmeği

İÇİNDEKİLER:

- 4 su bardağı ekmek unu
- 2 çay kaşığı anlık maya
- 2 çay kaşığı tuz
- 2 çay kaşığı şeker
- 2 su bardağı ılık su

TALİMATLAR:

a) Küçük bir kapta ılık su, şeker ve hazır mayayı birleştirin. İyice karıştırın ve yaklaşık 5-10 dakika veya karışım köpüklü hale gelinceye kadar bekletin.

b) Büyük bir karıştırma kabında ekmek ununu ve tuzu birleştirin. Ortasını havuz şeklinde açıp maya karışımını dökün.

c) Unu yavaş yavaş sıvıya ekleyin, bir kaşıkla veya ellerinizle tüylü bir hamur oluşana kadar karıştırın.

ç) Hamuru unlu bir yüzeye aktarın ve yaklaşık 10-15 dakika veya pürüzsüz ve elastik hale gelinceye kadar yoğurun. Yapışmayı önlemek için gerekirse daha fazla un ekleyin, ancak ekmeğin yoğunlaşmasına neden olabileceğinden çok fazla eklemekten kaçının.

d) Hamuru hafifçe yağlanmış bir kaseye koyun, üzerini nemli bir bezle veya streç filmle örtün ve ılık bir yerde yaklaşık 1-2 saat veya hacmi iki katına çıkana kadar mayalanmaya bırakın.

e) Fırınınızı 230°C'ye (450°F) önceden ısıtın ve önceden ısıtmak için fırına bir fırın taşı veya fırın tepsisi yerleştirin.

f) Hava kabarcığı kalmaması için kabaran hamuru yumruklayın ve yuvarlak veya oval bir somun şekline getirin. İsterseniz hamuru daha küçük parçalara bölüp tek tek rulolar halinde şekillendirebilirsiniz.

g) Şekil verdiğiniz hamuru yağlı kağıt serili fırın tepsisine dizin.

ğ) Hamurun üzerini nemli bir bezle örtüp 15-20 dakika kadar dinlenmeye bırakın.

h) Bezi çıkarın ve keskin bir bıçak veya ekmek tostu kullanarak somunun üst kısmına birkaç çapraz çizgi çizin veya isterseniz bir desen oluşturun.

ı) Fırın tepsisini somunla birlikte fırında önceden ısıtılmış fırın taşının veya fırın tepsisinin üzerine dikkatlice aktarın.

i) Ekmeği yaklaşık 30-35 dakika veya kabuk altın rengi kahverengiye dönene ve altına dokunulduğunda oyuk bir ses çıkana kadar pişirin.

j) Ekmeği fırından çıkarın ve dilimleyip servis etmeden önce tel ızgara üzerinde soğumasını bekleyin.

98.Tost Ekmeği

İÇİNDEKİLER:
- 4 su bardağı ekmek unu
- 2 çay kaşığı anlık maya
- 2 çay kaşığı şeker
- 2 çay kaşığı tuz
- 2 yemek kaşığı zeytinyağı
- 1 ½ su bardağı ılık su

TALİMATLAR:

a) Büyük bir karıştırma kabında ekmek ununu, hazır mayayı, şekeri ve tuzu birleştirin. Kuru malzemeleri eşit şekilde dağıtmak için iyice karıştırın.

b) Zeytinyağını kuru malzemelere ekleyip karıştırın.

c) Karıştırırken yavaş yavaş ılık suyu kaseye dökün. Hamur toparlanmaya başlayıncaya kadar karıştırmaya devam edin.

ç) Hamuru hafifçe unlanmış bir yüzeye aktarın ve yaklaşık 10-15 dakika veya pürüzsüz ve elastik hale gelinceye kadar yoğurun. Yapışmayı önlemek için gerekirse daha fazla un ekleyin, ancak ekmeğin yoğunlaşmasına neden olabileceğinden çok fazla eklemekten kaçının.

d) Hamuru top haline getirin ve tekrar karıştırma kabına koyun. Kaseyi nemli bir bezle veya plastik bir örtüyle örtün ve hamurun ılık bir yerde yaklaşık 1-2 saat veya boyutu iki katına çıkana kadar kabarmasını bekleyin.

e) Hamur yükseldiğinde, hava kabarcıklarını çıkarmak için hamuru aşağı doğru bastırın. Hamuru hafifçe unlanmış bir yüzeye aktarın ve istediğiniz Tost Ekmeği büyüklüğüne göre eşit büyüklükte porsiyonlara bölün.

f) Her parçayı bir top haline getirin ve ardından yaklaşık 1 cm (½ inç) kalınlığında dikdörtgen şeklinde düzleştirin. İstenilen şekli ve kalınlığı elde etmek için oklava kullanabilirsiniz.

g) Düzleştirilmiş hamur parçalarını parşömen kağıdıyla kaplı bir fırın tepsisine yerleştirin. Üzerlerini bir bezle örtüp 15-20 dakika kadar dinlenmeye bırakın.

ğ) Fırınınızı 200°C'ye (400°F) önceden ısıtın.

h) Tost Ekmeği'ni önceden ısıtılmış fırında yaklaşık 15-20 dakika, altın rengi oluncaya ve altına dokunulduğunda içi boş ses çıkana kadar pişirin.

ı) Ekmeği fırından çıkarın ve dilimleyip sandviç veya kızartma için kullanmadan önce tel ızgara üzerinde soğumasını bekleyin.

99.Kaşarlı Ekmek

İÇİNDEKİLER:
- 4 su bardağı ekmek unu
- 2 çay kaşığı anlık maya
- 2 çay kaşığı şeker
- 2 çay kaşığı tuz
- 2 yemek kaşığı zeytinyağı
- 1 ½ su bardağı ılık su
- 200 gram rendelenmiş vegan eritme peyniri
- İsteğe bağlı: üzeri için çörek otu tohumu veya susam tohumu

TALİMATLAR:
a) Büyük bir karıştırma kabında ekmek ununu, hazır mayayı, şekeri ve tuzu birleştirin. Kuru bileşenlerin eşit dağılımını sağlayın.
b) Zeytinyağını iyice karıştırarak kuru karışıma ekleyin.
c) Karıştırırken yavaş yavaş ılık suyu kaseye dökün. Hamur toparlanmaya başlayıncaya kadar karıştırmaya devam edin.
ç) Hamuru hafifçe unlanmış bir yüzeye aktarın ve 10-15 dakika veya pürüzsüz ve elastik hale gelinceye kadar yoğurun. Ekmeği yoğunlaştırabilecek aşırı miktarlardan kaçınarak gerekirse daha fazla un ekleyin.
d) Hamuru top haline getirin, kaseye geri koyun ve üzerini nemli bir bezle veya plastik bir örtüyle örtün. Sıcak bir yerde 1-2 saat, hacmi iki katına çıkana kadar mayalandırın.
e) Yükseldikten sonra hava kabarcıklarını serbest bırakmak için hamuru yumruklayın. İstediğiniz ekmek büyüklüğüne göre eşit büyüklükte porsiyonlara bölün.
f) Bir porsiyon alın, bir daire veya oval (yaklaşık ½ inç kalınlığında) şeklinde düzleştirin ve rendelenmiş vegan peynirini bir kenarda kalacak şekilde cömertçe serpin.
g) Diğer yarısını peynirin üzerine katlayın, kenarlarını bastırarak kapatın.
ğ) Doldurulmuş ekmeği parşömen kaplı bir fırın tepsisine yerleştirin. Kalan hamur kısımları ve peynirle aynı işlemi tekrarlayın.
h) İsteğe bağlı: Üstüne bitki bazlı yumurta ikamesi sürün ve daha fazla lezzet ve görsel çekicilik için çörek otu tohumu veya susam serpin.

ı) Fırını 200°C'ye (400°F) önceden ısıtın.
i) Vegan Kaşarlı Ekmeği eritilmiş ve köpüren peynirle birlikte 15-20 dakika veya altın rengi oluncaya kadar pişirin.
j) Fırından çıkarın ve servis yapmadan önce biraz soğumasını bekleyin. Bu Türk klasiğindeki bitki bazlı leziz yorumunuzun tadını çıkarın!

100.Kete

İÇİNDEKİLER:

- 4 su bardağı çok amaçlı un
- 1 çay kaşığı tuz
- 1 çay kaşığı şeker
- 1 yemek kaşığı aktif kuru maya
- 1 bardak ılık süt
- ½ su bardağı bitkisel yağ
- 1 yumurta, çırpılmış (yumurta yıkamak için)
- Susam tohumları (üzeri için)

TALİMATLAR:

a) Büyük bir karıştırma kabında un, tuz ve şekeri birleştirin ve iyice karıştırın.
b) Ayrı bir küçük kapta mayayı ılık sütte eritin. Maya köpürünceye kadar yaklaşık 5 dakika bekletin.
c) Un karışımının ortasında bir havuz oluşturun ve maya karışımını ve bitkisel yağı dökün. Yumuşak bir hamur oluşana kadar kaşıkla veya elinizle karıştırın.
ç) Hamuru hafifçe unlanmış bir yüzeye aktarın ve pürüzsüz ve elastik hale gelinceye kadar yaklaşık 10 dakika yoğurun. Yapışmayı önlemek için gerekirse daha fazla un ekleyin.
d) Hamuru tekrar karıştırma kabına alıp üzerini nemli bir bezle örtün ve ılık bir yerde 1-2 saat, yani hacmi iki katına çıkana kadar mayalanmaya bırakın.
e) Hamur kabardıktan sonra hava kabarcıklarının çıkması için hamuru bastırın. Hamuru istediğiniz Kete büyüklüğüne göre eşit büyüklükte porsiyonlara bölün.
f) Bir parça alın ve yaklaşık 0,5 cm kalınlığında ince dikdörtgen şeklinde açın.
g) Açılan hamurun yüzeyini çırpılmış yumurta ile fırçalayın ve kenarlarında küçük bir kenarlık bırakın.
ğ) Bir ucundan başlayarak, jöle rulosuna benzer şekilde hamuru kütük şeklinde sıkıca yuvarlayın.
h) Açılan hamurun her iki ucundan yavaşça gerilerek daha uzun ve daha ince hale getirilir.

ı) Uzattığınız hamurun bir ucunu alıp tarçınlı ruloya benzer şekilde spiral şeklinde kıvırın. Diğer uca ulaşana kadar bükmeye devam edin.
i) İşlemi hamurun kalan kısımlarıyla tekrarlayın.
j) Fırınınızı önceden 375°F'ye (190°C) ısıtın ve fırın tepsisini parşömen kağıdıyla kaplayın.
k) Bükülmüş Kete ekmeklerini hazırlanan fırın tepsisine yerleştirin. Yüzeye çırpılmış yumurta sürün ve üzerine susam serpin.
l) Kete'yi önceden ısıtılmış fırında 20-25 dakika veya kabuk altın rengi kahverengiye dönene ve ekmek tamamen pişene kadar pişirin.
m) Ekmeği fırından çıkarın ve servis yapmadan önce tel ızgara üzerinde soğumasını bekleyin. Ev yapımı Kete'nizin tadını çıkarın!

ÇÖZÜM

"Evde Vegan Ekmek Pişirme Sanatı" ile leziz yolculuğumuzu tamamlarken, kendi mutfağınızda leziz vegan ekmek yaratmanın mutluluğunu ve tatminini yaşadığınızı umuyoruz. Bu sayfalardaki her tarif, vegan pişirmenin sofranıza getirdiği sanatın, lezzetlerin ve zulümsüz iyiliğin bir kutlamasıdır; bitki bazlı ekmek yapımı dünyasındaki sonsuz olasılıkların bir kanıtıdır.

İster klasik bir sandviç ekmeğinin sadeliğinin tadını çıkarın, ister ekşi mayanın keskinliğini benimseyin, ister bir kahvaltı ikramının tatlılığına kendinizi kaptırın, bu 100 tarifin size vegan ekmek yapma becerilerinizi geliştirmek için ilham verdiğine güveniyoruz. Malzemelerin ve tekniklerin ötesinde, vegan ekmek pişirme kavramı bir neşe, yaratıcılık kaynağı ve şefkatli bir yaşam tarzına lezzetli bir katkı haline gelsin.

Vegan pişirme dünyasını keşfetmeye devam ederken, vegan ekmek yapımını keyifli ve tatmin edici bir deneyim haline getiren çeşitli lezzetli seçenekler konusunda size rehberlik eden "Evde Vegan Ekmek Pişirme Sanatı" güvenilir arkadaşınız olsun. İşte vegan ekmek sanatını benimsemek ve bitki bazlı somunların tadını çıkarmak için; mutlu pişirme!

www.ingramcontent.com/pod-product-compliance
Lightning Source LLC
Chambersburg PA
CBHW071306110526
44591CB00010B/798